Andrea Herz

THÜRINGEN IM „FRÜHLING 1968"

ČSSR-Okkupation, Jugendproteste, Ordnungsstaat

Aussage eines 17-jährigen Gothaers, der im August demonstrierte und Losungen anschrieb

> „Ich kann von mir nicht sagen, dass ich mich in der zurückliegenden Zeit für politische Probleme besonders interessiert hätte.
> Lediglich als die Ereignisse in der ČSSR eintraten und ich davon erfuhr, habe ich mir, nur um mich darüber zu informieren, Zeitungen gekauft und die Nachrichtensendungen von ‚Radio Luxenburg' und ‚Deutschlandfunk' abgehört. [...]
> Obwohl ich der Meinung war, dass die Truppenteile der DDR nur an der Staatsgrenze zur ČSSR eingesetzt wären, vertrat ich den Standpunkt, dass dies sowieso nur geschehen sei, weil der Staatsratsvorsitzende der DDR das machen müsste, was ihm von der Sowjetunion vorgeschrieben wird. Wenn die Sowjetunion nicht allein mit der ČSSR fertig würde, müsste er die NVA auch in die ČSSR schicken.
> Einer meiner Freunde fragte mich, wie ich mich als Soldat der NVA in der ČSSR verhalten würde. Ich antwortete darauf, dass ich keinesfalls auf ČSSR-Bürger, sondern nur in die Luft schießen würde. [...]
> Auf jeden Fall hatte ich das Ziel, meine Freunde von der Unrechtmäßigkeit des Eingreifens sowjetischer Truppen zu überzeugen und sie zum Protest gegen diese Maßnahmen herauszufordern.
> Ich wollte nicht, dass von der Jugend Gothas nichts unternommen wird."
>
> BStU, BV Erfurt, Personenakte, Bl.19 (Die Vernehmer protokollierten häufig nicht wörtlich das Gesagte.)

Am 9. November 1968 wurde er vom Bezirksgericht Erfurt verurteilt.

Am 9. November 1989 „fiel" die Mauer.

Inhalt:

1. Zum Jahr 1968 – Einleitung **5**
   1968 – Im Westen und der Welt 7
   Zum Verlauf und Charakter des Prager Frühlings 9
   DDR-ČSSR-Beziehungen und Reformhaltung 15
   „Warschauer Vertrag" und Rolle der NVA 17
   Anmerkungen zur Literatur 19
   Zu Intention und Struktur dieser Arbeit 20

2. Thüringen während des Prager Frühlings – Januar bis August 1968 .... **22**
   2.1. Streiflichter zur innenpolitischen Situation Anfang 1968 .. 26
   2.2. Beginnende Wahrnehmung der ČSSR-Reform 38
   2.3. Thüringen nach dem „Manifest der 2000 Worte" 46
   2.4. Staatssicherheit vor dem 21. August 52

3. Der Truppeneinmarsch im Meinungsspiegel der Thüringer **63**
   3.1. Stimmungslage zu den „Hilfsmaßnahmen" 63
   3.2. Meinungen, Argumente und Kritikformen 70
      Kritik-Argumente in allen Bevölkerungskreisen 71
      Zur Meinungslage einiger Gesellschaftsschichten 76

4. Thüringer Proteste und Aktionen gegen die Niederschlagung des Prager Frühlings **83**
   4.1. Bedingungen für Protest 87
   4.2. Formen der Proteste nach dem 21. August 89
      A. Demonstrativer Straßenprotest und Versuche der Organisation von Kundgebungen 91
      B. Flugblätter 95
      C. Straßen-Inschriften als politische Bekundungen 101
      D. Offener mündlicher Protest 107
      E. Mitwirken an den Prager Protesten und Mitbringen von Schriften und Informationen 109
      F. Anonyme Briefe oder Telefonate 111
   4.3. Jugendliche Akteure in Thüringen 112
   4.4. Das Geschehen in ausgewählten Orten 116
      Mühlhausen 116
      Erfurt 119

Weimar 125
Gotha 128
Jena 130
Gera 133
Saalfeld 135
Römhild / Kreis Meiningen 136
4.5. Die andere Seite: Funktionäre und Denunzianten 137
    Agitatoren, SED- und Betriebsfunktionäre 137
    Anzeigende von „politischen Straftaten" 140
    Inoffizielle Stasi-Mitarbeiter 142
    Polizeihelfer 144

5. Reaktionen der DDR-Organe auf Proteste 145
5.1. Staatssicherheit und Polizei 145
5.2. Vorgehen der DDR-Justiz 152

6. Systematische Überwachung der Jugend – eine Folge des Prager Frühlings? 158

Zum Nachwort 166

Anhang – Thüringer Übersichten 169
I. Übersicht über Flugblätter 171
II. Übersicht über Wand- und Straßen-Inschriften 175
III. Auflistung verhängter politischer Haftstrafen gegen
    Thüringer Akteure 179
IV. Übersicht festgenommener Akteure, zu denen ein
    Urteil nicht feststellbar war 187

1. Zum Jahr 1968 – Einleitung

Als am 5. Januar 1968 der „Prager Frühling"[1] damit begann, dass das KPČ-Sekretariat (also das kommunistische Machtzentrum der Tschechoslowakei) den Rücktritt seines Parteichefs Antonin Novotný und die Ernennung seines Amtsnachfolgers Alexander Dubček beschloss, war die Welt mit anderen Dingen beschäftigt:

Unweit des Moskauer Kremls, von dem aus KPdSU-Chef Breshnew die Sowjetunion und das bis zur Berliner Mauer reichende Gebiet seines Warschauer Militärpaktes beherrschte, wurde routiniert der Gerichtssaal für ein politisches Hetze-Strafverfahren gegen den Schriftsteller Alexander Ginsburg vorbereitet. Die Warschauer Führer planten, eine ihnen nicht genehme Inszenierung des polnischen Nationalwerks „Totenfeier" von der Bühne zu nehmen und schufen damit einem Ausgangspunkt für die „Märzproteste". Die moskau-unfreundlichen Parteichefs der „"Bruderstaaten"" Jugoslawien (Broz Tito) und Rumänien (Ceaușescu) kehrten nach ihrem Treffen gerade wieder in ihre Amtspaläste zurück, während in Ostberlin niemand den geringsten Zweifel daran hatte, dass die Volkskammer das neue Strafgesetzbuch mit seinen über 30 „politischen" Strafparagraphen am 12. Januar brav abnicken würde.

Die Amerikaner waren in jenem Januar ,68 hin- und hergerissen zwischen der sich radikalisierenden „"Black Power"", der wachsenden Vietnamkriegs-Gegnerschaft, einem lang erwarteten Bob-Dylan-Album, ahnten aber noch nichts von der „Präsidentschaftskrise" und den beiden Attentaten. Das Franco-Regime hatte gerade mit der Schließung einer Madrider Fakultät eine große Studentenbewegung provoziert, die keineswegs auf Spanien beschränkt bleiben sollte. In der Downstreet befasste man sich mit dem geplanten EG-Beitritt Großbritanniens. Und die Augen der Welt waren gerichtet auf die großen Krisengebiete in Vietnam, am Jordan und in Nigeria.

---

[1] Dieser Begriff, der ursprünglich nur der Name eines Prager Musikfestivals war, beschreibt die gesamte politisch-gesellschaftliche Entwicklung in der ČSSR vom Sturz Novotnýs bis hin zur Besetzung am 20./21. August. Der Begriff entstand erst später. Dazu ausführlicher: übernächste Seite.

Und kein hochkarätiger Neujahrsredner hatte wohl geahnt, dass man 1968 später mal „the year that rocked the world" nennen würde, welches weltweit durch „*ein tiefes Unbehagen gegenüber jedweder Form von Autoritarismus*" geprägt sein würde.[2]

Die Tschechen und Slowaken selbst erfuhren am 6. Januar von dem unauffällig-bedeutungsvollen Amtswechsel oberhalb der Prager Burg, in welcher Novotný zunächst noch das Präsidentenamt inne behielt. Die Slowaken kannten Dubček längst als „ihren" Spitzenfunktionär in Bratislava. Die KPČ-Spitzenfunktionäre wussten um ihn als moderaten Mittelsmann genau zwischen Zwangs- und Reformkommunisten. Die Demokraten orteten ihn als überaus zögerlichen, aber den vermutlich gutwillig-toleranteren Repräsentanten, der allerdings auch am kommunistischen Herrschaftsanspruch festhalten würde.

Misstrauen bei den osteuropäischen Parteispitzen erregte der Prager Amtswechsel vom 5. Januar 1968 nicht. Breshnew hatte im Vormonat bei Gesprächen mit tschechischen Spitzenkommunisten gelassen gesagt: „Das ist eure Sache." Und der allmächtige ostdeutsche Walter Ulbricht (mit seiner Doppelrolle als SED-Chef und DDR-Staatsrats-Chef) sandte Dubček ein brüderliches Glückwunschtelegramm, zumal er Novotný sowieso für einen politischen Dilettanten gehalten hatte.

Das Jahr 1968, das die UNO zum „Jahr der Menschenrechte" erklärt hatte, sollte in vielen Teilen die Welt „rocken" – ob es dies auch in Thüringen tat, zeigen die Kapitel 2 bis 5.

---

[2] Originaltitel von Mark Kurlansky, 1968 – Das Jahr, das die Welt veränderte, Köln 2007. Der deutsche Titel ist insofern keine echte Übersetzung, denn Kurlansky titelte nicht „the year that changed the world".

1968 – Im Westen und der Welt

Zu den welthistorischen Phänomenen des Jahres sollten im Nachhinein – außer dem Prager Frühling und dessen militärische Beendigung – folgende Prozesse zählen:

- 1968 wurde das Jahr der großen parallelen Studenten-Proteste von Harlem bis Paris, Madrid bis Tokio, Mexiko bis Istanbul mit ihren nachhaltigen kultursoziologischen Auswirkungen.
- 1968 erwuchsen aus französischen Studentenprotesten die „Mai-Unruhen", die sich zu Massenstreiks mit 5 Millionen Bürgern ausdehnten, was zu einer Staatskrise führte, die nur durch Verträge mit den Gewerkschaften bewältigt wurde.
- 1968 war das Jahr der polnischen „Märzproteste", der größten Studentenstreiks im Ostblock, die in Gdansk 20.000 (auch viele Arbeiter) erfassten und von den Kommunisten mit Polizei, Haftstrafen und Judenhetze überwältigt wurden.
- Die „1968er" stehen für eine erste „globale Jugendgeneration" auch im Sinne eines Weltverständnisses mit neuer kommunikationsgesellschaftlicher Medien-Normalität, mit globalen Jugendkulturen und allgemeinem Unbehagen an der Mächteblock-Konstellation der „Ära des Kalten Kriegs".
- Das Jahr 1968 lief Meilenschritte in Richtung einer neuen Dimension der Nachrichten-Verbreitung (erste überkontinentale Lifesendungen, Beginn kalkulierenden Medienverhaltens politischer Gruppen, weltweite Vietnam-Berichterstattung) und einer neuen Einfluss-Qualität der „vierten Gewalt".
- 1968 bewegte auch die USA-Geschichte intensiv durch die Black-Power-Bewegung mit einer Radikalisierung bürgerrechtlicher Konflikte und die Zuspitzung des Vietnam-Kriegs mit weltweit wachsender Kriegsgegnerschaft und „Präsidentschaftskrise" (Johnsons Verzicht auf zweite Kandidatur, Ermordung Robert Kennedys).
- 1968 bekam die Welt mehrere langfristige Identifikationssymbole, wie Che Guevara, Martin Luther King (im April ermordet), die Kennedys (nach dem zweiten Attentat) oder die Lieder „Born to be wild" und „We shall overcome".

- Im Herbst 1968 begann der langjährige leidvolle „Religionskrieg" in und um Nordirland mit einem Polizeiübergriff auf eine Bürgerrechtsdemonstration von Katholiken.
- Im Herbst 1968 schaffte eine neue Verfassung in Militärregime in Griechenland die Bürgerrechte ab.
- 1968 erschienen in Westdeutschland Siegfried Lenz' „Deutschstunde" und in Ostdeutschland Christa Wolfs „Nachdenken über Christa T".
- 1968 ist auch das Jahr des ersten bemannten Mondfluges, der ersten Herztransplantation, der ersten Wasserstoff-Bomben-Zündung (durch Frankreich) und des wissenschaftlichen Nachweises von Neutronensternen.

In der zu Thüringen benachbarten Bundesrepublik könnte man die innenpolitischen Entwicklungen zwischen Studentenstreiks und Notstandsgesetz, von Großer Koalition bis Neuer Linke, von politischem Attentat bis Hippie-Kult vielleicht in diese längerfristigen Umwälzungsprozesse einordnen:

1. die Praktizierung, Auslotung und Neuformung linker Protestpolitik unter den Bedingungen des Realsozialismus.
2. der Aufbruch in die Lösung eines angestauten Konflikts zwischen alt/groß-deutschen Gesellschaftsnormen und sozialflexiblerer „Postindustrie-Gesellschaft". Dazu gehört die Etablierung freiheitlicher Bedingungen für Lebenskarrieren und Lebensmodelle jenseits der noch immer dominanten Herkunfts-Schranken.
3. eine Phase intensiverer NS-Aufarbeitung mit mehreren NS-Prozessen, die 1968 auch Inhaber höchster Staatsämter erfasste, wie Präsident Lübke als KZ-Baumeister und Kanzler Kiesinger als hinterfragter Prozess-Zeuge.
4. der Beginn einer ersten substanziellen Bewährungsprobe der grundgesetzlichen Demokratie, die um die Frage der Notstands-Gesetzlichkeit ringt und ihren Höhepunkt dann in der Bewältigung der RAF-Gewalt erlangt:
5. Auseinandersetzung um und Neuansätze für die politische Medienlandschaft ausgehend von den Konflikten um die „Springer-Presse".

Zum Verlauf und Charakter des Prager Frühlings

Der Verlauf des Prager Frühlings in der ČSSR, seine Niederschlagung und die Folgen für die Tschechen und Slowaken sind zwar inhaltlicher Fokus, aber nicht Thema dieser Darstellung. Deshalb sei der Verlauf hier nur in Form politischer Kernereignisse skizziert. Ergänzend sei auf die Literatur verwiesen.[3]

Im Dezember/Januar wurde in der KPČ-Führungselite mit der offenen Forderung nach Novotnýs Rücktritt die Vorherrschaft der Stalinisten aufgebrochen und damit der potentielle Einfluss der Reformer gestärkt. Die Wahl des politisch eher indifferenten Dubček bedeutete aber noch personellen Kompromiss statt reformerische Mehrheit.

Ende Januar durfte die verbotene Zeitschrift der literarischen Intellektuellenszene stillschweigend und unbehelligt wieder erscheinen. Das galt als politisches Signal für mehr Pressefreiheit.

Am 4. März beschloss die KPČ-Führung die Überarbeitung des Pressegesetzes, was sofort zu offenerer und kritischer Presse führte.

Mitte März wurden Machtmissbräuche höherer Funktionäre offen angeprangert, was am 22. 3 auch zu Novotnýs Rücktritt als Präsident führte. Das Volk hatte erstmals wieder die Chance zu offener Meinungsäußerung, ohne dass sofortige Hetze-Verfahren drohten.

Zwischen 20. und 31. März entstanden offene politische Gesprächsformen: vom Bürgerdialog im Prager Kongresszentrum mit 15.000 bis zu offenen Straßengesprächen Dubčeks. Damit öffnet sich das politische Klima auch auf breiteren Ebenen endgültig.

Ende März - Während die Nationalversammlung mit Svoboda einen älteren General zum Präsidenten wählte, der unter Novotný in Ungnade gefallen war, gründeten die Studenten, die unabhängigen Schriftsteller, die politisch Verfolgten und (*am 5. April*) die „engagierten Parteilosen" neue Organisationen.

Am 5. April wurden reformerische Positionen im KPČ-Zentralkomitee durch Personalwechsel gestärkt, ein „Aktionsprogramm" mit demokratischen Zügen verabschiedet und die Aufarbeitung kommunistischer Verbrechen beschlossen. Das bedeutete aber nicht, dass in den

---

[3] Für den allgemeinbildend Interessierten zu empfehlen: Veser, Reinhard, Der Prager Frühling 1968, Erfurt 2008², als aussagekräftige Gesamtdarstellung sowohl der tschechisch-slowakischen Ereignisse wie auch der Okkupation im August. Die Broschüre wurde von der Thüringer Landeszentrale für politische Bildung neu aufgelegt und kostenfrei verbreitet.

KPČ-Funktionärsschaft bereits eine klare Reform-Mehrheit bestand. Auch die Reformkommunisten beharrten allerdings auf einer KPČ-Alleinherrschaft und setzten damit eine grundsätzliche Demokratisierungsschranke, die zwangsläufig alsbald zu Konflikten mit der Bevölkerung führen musste.
Am 9. April wurde eine neue Regierung unter Leitung der Reformkommunisten Černik und Sik gebildet und am 18. April wurde Smrkovsky Vorsitzender der Nationalversammlung. Damit übernahmen Reformkommunisten auch staatliche Spitzenpositionen.
Mitte Mai gründete sich die erste neue Partei – die Sozialdemokratische. *Etwa gleichzeitig* begannen Moskau und die Vertragsstaaten DDR, Bulgarien, Polen, Ungarn sukzessive den außenpolitischen Druck zu erhöhen und mit antireformerischen Pressekampagnen in eignen Ländern jeglichen Reformhoffnungen gegenzusteuern. Dubček versuchte diesen Druck durch Lavieren und scheinbare Zugeständnisse zu kompensieren.
Ende Mai wurde Novotný aus der KPČ geworfen und ein Parteitag für September geplant, um den Partei-Reformkurs zu fundieren.
Am 25. Juni kam es erstmals zu Gesetzesänderungen: 1. Zensurverbot im Pressegesetz, 2. neues Rehabilitierungsgesetz, 3. Verfassungsgesetz zur Korrektur bisheriger slowakischer Minderrechte.
Am 27. Juni erschien das „Manifest der 2000 Worte", das gegen die Zögerlichkeit der KPČ-Reformpolitik aufrüttelte, landesweit ein starkes Echo auslöste und von KPČ-Reformern mit „1000 Worten", die den Herrschaftsanspruch bekräftigten, beantwortet wurde.
Mitte Juli musste Dubček offene Vorwürfe der „Konterrevolution" und Warnungen seitens der fünf Vertragsländer, die sich am 14. Juli in Warschau getroffen hatten, abwehren. Wenige Tage später erhöhte Moskau den Druck und erzwang bilaterale Gespräche mit Prag.
Am 26. Juli bekundeten oppositionelle Intellektuelle ihre Solidarität mit der KPČ-Führung, als diese den Reformkurs gegenüber Breshnew behaupten musste. Der kritische Druck und die inneren Dissenzen werden überlagert durch außenpolitischen „Schulterschluss".
Bei einem Treffen am *29. Juli* direkt an der sowjetisch-slowakischen Grenze in Čierna fordert die Breshnew-Delegation ultimativ den Abbruch der Reformen und der Pressefreiheit. Der Verlauf blieb geheim, aber der Tenor des Treffens war öffentlich weitgehend bekannt.
Während Anfang August die fünf Ostblock-Staaten Sowjetunion, DDR, Bulgarien, Polen, Ungarn nach einem offiziellen Treffen in Bratislava auf die Umsetzung des Ultimatums warteten, wurden in Prag die moskau-kritischen Parteichefs von Jugoslawien und Rumä-

nien jubelnd begrüßt. DDR-Chef Ulbricht wurde in Bratislava ausgepfiffen – das konnte man in der DDR aber nur aus den Westmedien erfahren.

Am 16. August begann in Moskau eine heftige Anti-Dubček-Kampagne, als deutlich wurde, dass die KPČ-Führung nicht daran denkt, Pressezensur und Meinungsdiktat wieder einzuführen.

In der Nacht vom 20./21. August besetzte die Sowjetarmee die Machtzentren in Prag und verhaftete Dubček und andere führende Politiker. Dass diese nach Moskau verschleppt wurden, wird erst einige Tage später bekannt. Militärbesatzung beherrschte das Land.

Ab dem 21. August leisteten weite Teile der ČSSR-Bevölkerung passiven Widerstand. Der KPČ-Sonderparteitag wurde geheim vorgezogen und abgehalten – die legitimierten Teilnehmer bekannten sich dort mehrheitlich zur Reformpolitik und stärkten damit die verhaftete Führung. Präsident Svoboda verlangte von Moskau die Freilassung Dubčeks. Außenminister Hajek intervenierte vor dem UN-Sicherheitsrat. Der Nationalrat in Prag forderte den Truppenabzug.

Am 27. August sah Moskau sich zum Zugeständnis der Freilassung Dubčeks und der Akzeptanz seines Amtes als 1. KPČ-Sekretär genötigt, erzwang jetzt aber mit dem beidseitig unterzeichneten „Moskauer Protokoll" die Rücknahme von Zensurverbot und Reformkurs. Der massive Verbleib der Truppen auf tschechischem Gebiet verlieh diesem Zwang Nachdruck.

Am 3. September wurde die Pressezensur in der ČSSR wieder eingeführt, der Reformer Šik, der Außenminister Hajek u.a. mussten gehen, während große Teile der tschechisch-slowakischen Bevölkerung dauerhaft protestierten, um den Reformkurs zu verteidigen. (Noch am *19. Januar 1969* setzte Jan Palach mit seiner Selbstverbrennung in diesem Sinne ein außergewöhnliches Zeichen.)

Am 3. Oktober begannen „Verhandlungen" zum Truppenabzug, in denen sich die Sowjetunion das unbefristete Besatzungsrecht sicherte.

In den Folgemonaten wurden die Zwangsforderungen des Moskauer Protokolls nur widerwillig in der ČSSR umgesetzt.

Im April 1969 stellte die sowjetische Führung ein Ultimatum zur Regierungsumbildung, das Präsident Svoboda sofort zurückwies, in dessen Folge Dubček aber am *17. April* doch sein Amt verlassen musste.

Der Prager Frühling charakterisiert sich im Vergleich zum DDR-Volksaufstand 1953, zum Ungarn-Aufstand und Polen-Aufstand 1956 wohl vor allem durch folgende Besonderheiten:

– Im Prager Frühling spielte die Kommunisten-Partei eine besondere Rolle. Sie war teilweise Motor (*Novotný-Sturz*), teilweise Bestandteil (*Pressefreiheit, Wirtschaftsreformprogramm, Rehabilitierungsgesetz*) und teilweise Gegenpart (*Herrschaftsanspruch*) der Demokratisierungsbewegung.

– Dadurch war der Prager Frühling stark geprägt durch „Reform von oben", durch allmähliche Demokratisierung und durch Dubčeks schützende Außenpolitik. Die demokratische Umwälzung hatte daher zunächst mehr Ähnlichkeit mit den rumänischen oder jugoslawischen Sonderwegen als z.B. mit dem revolutionären Aufstand 1956 in Ungarn.

– Die KPČ hatte eine besondere Nachkriegsgeschichte im Vergleich zu den anderen Ostblockländern: Sie hatte 1947 zwar den einzigen echten Wahlsieg in Osteuropa, hatte 1952 aber auch den rabiatesten Polit-Mordprozess Osteuropas (Slansky-Prozess) zu verantworten. In ihr entstand über Jahre hinweg eine Gruppe reformerischer Spitzenkommunisten als Gegenpart zu den Stalinisten und Nationalisten um Novotný.

– Die politische Mitwirkung und demokratische Erneuerung erfasste die ganze Bevölkerung – also neben politisch Aktiven, Intellektuellen, Journalisten auch die herkömmlicherweise eher politisch-indifferenten Teile der Bevölkerung.

– Das hängt zusammen mit dem über Monate anhaltenden politischen Prozess, der auf den Straßen wie auch in Betrieben, Amtszimmern und offenen Räumen aller Art stattfand.

– Die Sowjetmacht – als zentrale politische und militärische Gegenmacht – befand sich selbst gerade in einer innen- und weltpolitischen Stabilitätsphase (nach Stalins Tod 1953 oder Chrustschows Tauwetter-Politik 1956). Deshalb reagierte sie erst diplomatisch, dann aber sehr resolut machtpolitisch.

– 1968 war das „sozialistische Lager" zwar mit bilateralen „Freundschaftsverträgen" und RGW-Beziehungen verknüpft, andererseits aber politisch alles andere als homogen. Jugoslawien und Rumänien und wegen 1968 auch Albanien waren

recht sowjet-distanziert, die DDR hingegen hatte die Sowjets 1961 noch förmlich zum Mauerbau gedrängt.
- Der Warschauer Militärpakt war noch allein sowjetisch beherrscht. Er tolerierte zwar der anderen Politikkurs Rumäniens oder Jugoslawiens. Demgegenüber aber gab es einen besonders unduldsamen Stalinismus-Kurs gegenüber jenen Ostblock-Ländern, die an den „Eisernen Vorhang" und die NATO grenzten. Das hatte 1956 die ungarische Bevölkerung schon massiv zu spüren bekommen.
- Der Prager Frühling verlief parallel zum Aufleben staatskritischer Bürgerbewegtheit, das sich auch weit über die westliche Welt erstreckte, aber das Interesse auch von Prag weg lenkte.

Die Reform- und Demokratisierungsbewegung in der ČSSR wurde auch von der Bundesregierung aufmerksam verfolgt und vor allem durch wirtschaftliches Entgegenkommen unterstützt. Da die DDR-Staatssicherheit die westdeutsch-tschechoslowakischen Beziehungen ausspionierte, wurde auch die Position der Bundesregierung (Wehners Ministerium für gesamtdeutsche Fragen) in Ostberlin aktenkundig[4]:

„Von führenden Beamten des BMG wird zur Entwicklung in der ČSSR eingeschätzt, dass die Regierung der ČSSR und die KPČ einen eigenen Weg erstrebten, den demokratischen Sozialismus. Dieser Weg ziele sowohl auf die politische Verbundenheit mit dem sozialistischen Lager als auch auf die wirtschaftliche und kulturelle Verbundenheit mit Westeuropa ab.
[...außerdem ...] habe die ČSSR erkannt, dass sich der Sozialismus nur in einer demokratischen Gesellschaft verwirklichen lasse. Die Jugend der ČSSR sei kritisch und wohlstandsstrebend. Die KPČ habe auf die Dauer keine Chance, ohne echte Demokratisierung an der Macht zu bleiben [und es wird ...] eingeschätzt, dass das Tempo, mit dem sich die neue Linie durchsetze, faszinierend sei.
Es sei ganz klar, dass diese Entwicklung das sozialistische Lager aufsprengen werde. Das Beispiel der ČSSR werde auch in der DDR Schule machen."

---

[4] „Fakten ausschließlich zur persönlichen Information", BStU, MfS, ZAIG, 5405, Bl. 23. „BMG" meint Bundesministerium für gesamtdeutsche Fragen.

Erklärung der Jugendzeitung „Mladá Fronta" an die ČSSR-Jugend zum 21. August

„Unsere jungen Freunde, wir wenden uns an Euch, in dieser ernsten Stunde der Geschichte unseres Landes. Es geschah, was wir nicht einmal im Traum erwartet hätten. Ihr kennt uns aus unseren Zeilen, die mit Gedanken geschrieben worden sind, die bei Ihnen eine warme Zustimmung fanden.

Wir stehen fest hinter der einzigen repräsentativen Regierung der Republik, wir stehen hinter dem Präsidenten L. Svoboda, dem Präsidium des ZK der KPČ mit A. Dubček an der Spitze, hinter dem Präsidium der Nationalversammlung. Wir stehen zu dieser Stunde hinter allem, was progressiv ist, dem, was in unserem Lande seit Januar geschaffen wurde. Wir stehen hinter der Souveränität unseres Landes, die verletzt wurde.

Wir lehnen jeden, der sich selbstherrlich für den Sprecher unseres Landes ausgeben möchte, ab.

Wir versprechen Euch, falls diese Ausgabe der ‚Mlada Fronta', an der wir arbeiten, die letzte sein sollte, wird es so geschehen.

Wir können nicht unsere Ansichten ändern, weil wir Sozialisten sind und deshalb weil der Sozialismus ohne menschliches Antlitz nicht Sozialismus sein kann.

Mit Unterstützung für irgendetwas anderes kann niemand rechnen. [...]

Ihr seid jung. Vielleicht wollt Ihr einmal durch irgendwelche Taten berühmt werden. Wir bitten Euch, zu dieser Stunde ist Ruhe die größte Tat, Besonnenheit und falls es notwendig sein sollte, passive Resistenz."

(Zeitung Mladá Fronta vom 21.8., Prag)

DDR-ČSSR-Beziehungen und Reformhaltung

Für weite Teile der DDR-Bevölkerung war die ČSSR über Jahre hin ein beliebtes Nachbar- und Reiseland und der etwas offenere, zugängliche Teil der Welt. 1968 hatten eine ganze Reihe von Thüringer Betrieben Wirtschaftsbeziehungen zu ČSSR-Betrieben. Wirtschaftsleute, Ingenieure, Forscher und andere pflegten auf vielfältigen Ebenen freundliche Kontakte mit den deutsch sprechenden Nachbarn, besuchten dort Tagungen, gestalteten einen regen Handelsaustausch – dies belegen auch zahlreiche Reiseberichte von 1968, die sich heute noch in SED-und Stasi-Archiven befinden. Noch im Jahre 1988 war die ČSSR das einzige verbliebene Reiseland, das die meisten „Normalbürger" ohne Sondererlaubnis besuchen durften.

Im März 1967 hatten beide Regierungschefs den im Ostblock obligatorischen, bilateralen Freundschaftsvertrag unterzeichnet. Der dort enthaltene Artikel 10 über die *„Unantastbarkeit der Staatsgrenzen beider Staaten einschließlich der Staatsgrenzen zwischen den beiden deutschen Staaten"* zielte zwar gegen den *„westdeutschen Militarismus und Revanchismus"*, zeigte aber im Folgejahr 1968 seine Ambivalenz hinsichtlich des Verhaltens der SED-Führung, die mit ihrem massiven NVA-Aufmarsch an der deutsch-tschechischen Grenze nicht wirklich deren Unantastbarkeit im Sinne hatte und nur auf den sowjetischen Befehl warteten, um sich an der militärischen Besetzung zu beteiligen und damit den „Freundschaftsvertrag" zu brechen.

Die Haltung der SED-Führung zur Reformentwicklung in der benachbarten ČSSR war schon frühzeitig sehr eindeutig und sehr distanziert. Zusammengefasst lautete sie seit dem Frühjahr 1968 etwa so, wie hier durch die Stasi-Kaderabteilung im Februar 1969 auf den Punkt gebracht:

„In der ČSSR wurde durch imperialistische, restaurative und rechtsopportunistische Kräfte der Versuch eines antikommunistischen Präzedenzfalles der sogenannten inneren Destabilisierung und Zersetzung des Sozialismus praktiziert. [...] Die Linie der inneren und äußeren Feinde des Sozialismus in der ČSSR lief darauf hinaus, die führende Rolle der KPČ zu liquidieren, den Arbeitern und Bauern die Macht aus den Händen zu reißen und die

vom Volk geschaffenen staatlichen und gesellschaftlichen Institutionen zu zerstören."[5]

Die Bewohner der DDR waren es längst gewohnt, dass laut SED-Ideologie und Staatspropaganda hinter allem und jedem ein Feind stecken musste – vorzugsweise der westdeutsche „Imperialismus und Militarismus".

Das prägte auch die Einschätzungen der SED-und Stasi-Oberen zu der sich ab April entwickelnden demokratischen Offenheit in der ČSSR. Sie bezeichneten die Prager Reformpolitik als "Modellfall der expansiven NATO-Strategie" und verbreiteten ihre Behauptungen über einen vermeintlichen NATO-Plan „Zephir", der aus drei Stufen bestünde, die man in der ČSSR-Entwicklung dann auch zu erkennen glaubte: zuerst die Steuerung antisozialistischer Kräfte und deren schleichende Machtübernahme, dann das Anheizen einer konterrevolutionären Situation und schließlich die Herauslösung aus dem Ostblock mittels konterrevolutionärer Regierung und Selbstbestimmungs-Parolen.

Mit solchen angeblichen „Stufen" freilich konnten SED-Ideologen ganz bequem jegliche Infragestellung der eigenen Alleinherrschaftsansprüche diffamieren und militarisieren. Die SED-Führung legitimierte mit ihren „militaristischen" und „konterrevolutionären" Etiketten nicht ihre antireformerische Politik und Ablehnung von Meinungsfreiheit, sondern bekämpfte damit auch die sogenannte „Konvergenztheorie" – also den Gedanken einer evolutionären Annäherung der westlichen und östlichen Systeme –, die in den Gesellschaftswissenschaften der 60er Jahre Konjunktur hatte, auch in der DDR, und die ein Ausdruck der breiter gewordenen Hoffnung auf die Abkehr von stalinistischer Machtpolitik im Ostblock war. Eine Hoffnung, die durch die Dubček-Führung geteilt wurde, während sie durch die Ulbricht-Führung hingegen vehement abgelehnt wurde.

---

[5] Studienmaterial der HA Kader/ Schulung, Abt. Schulung/Forschung «Einige Tatsachen zum Vorgehen der konterrevolutionären Kräfte in der ČSSR 1968. Das 'tschechoslowakische Sozialismusmodell' – Modellfall der expansiven NATO-Strategie»,Februar 1969, BStU, MfS, BV Erfurt, Abt. VI, Nr. 97, Bl.36, 46.

„Warschauer Vertrag" und Rolle der NVA

Das Jahr 1968 war auch das 13. Jahr des Warschauer Vertrages, des von Moskau geführten Ostblock-Militärpaktes, dessen Oberkommando mit Sowjetgenerälen besetzt war. Auch die DDR hatte den Vertrag ratifiziert, in dem es u.a. hieß:

Artikel 1 „Die Vertragschließenden Staaten verpflichten sich ... sich ... der Drohung mit Gewalt oder ihrer Anwendung zu enthalten."
Artikel 8 „Die Vertragschließenden Staaten erklären, dass sie ... untereinander in Befolgung der Grundsätze ... der Nichteinmischung in ihre inneren Angelegenheiten handeln werden."[6]

1956 hatte es sich gegenüber Ungarn noch um einen Alleingang der Sowjetarmee gehandelt. 1968 aber hatte Moskau entschieden, aus dem Warschauer-Pakt-Manöver „Böhmerwald" vom Juni den antireformerischen militärischen Ernstfall im August zu machen.

Die NVA galt trotz Pakt-Mitgliedschaft noch immer als der militärische deutsche „Juniorpartner", dem einerseits noch vage Reste vom Erbe des deutschen Reichs als Auslöser zweier Weltkriege anhafteten und der andererseits eine diffizile militärische Position und den sensibelsten Grenzabschnitt der Militärblöcke des Kalten Kriegs inne hatte. Die Sowjetgeneräle ließen sich davon – und von dem Anspruch, das „militärische Problem" ČSSR als Weltmilitärmacht selbst lösen zu können – jedenfalls offenbar leiten, als sie die Befehle für die Rolle der NVA bei der ČSSR-Okkupation formulierten: nominell und politisch als Partner zu fungieren und faktisch vor allem durch Präsenz an der DDR-ČSSR-Grenze mitzuwirken. Die rein militärische Seite der Besetzung hingegen betrachteten sie als Angelegenheit der Sowjetarmee.

Diese Befehlslage entstand im Geheimen bereits Ende Juli – im Vorfeld der letzten diplomatischen Bemühungen Breshnews bei den Verhandlungen in Čierná nad Tisou. Das Militär erhielt freilich erst aus dem Kreml das Signal – und dieses Signal wiederum wurde einerseits infolge der Prager Verweigerung zu Reform-Rücknahme und andererseits angesichts des bevorstehenden KPČ-Parteitages festgelegt.

---

[6] Gesetzblatt der DDR, 1955, S. 381 ff.

Am 25. Juli schrieb ein DDR-Soldat – trotz des Schreibverbotes – seiner tschechischen Freundin, dass „aufmunitionierte" Truppen an der ČSSR-Grenze auf einen Einmarsch warteten.[7] Am 28. und 29. Juli erhielten alle NVA-Bataillonsoffiziere, die beteiligt werden sollten, eine „*Einweisung über die konkrete Aufgabenstellung auf dem Gebiete der ČSSR*".[8] Gleichzeitig fanden auch im Thüringer Raum unter dem Geheimcode „Sommerabend" größere Truppenbewegungen in Richtung ČSSR statt:

„Entsprechend des Hinweises der NVA an die Leitung der BDVP wurde die Hauptzeit der Bewegung der Kräfte der NVA in der Zeit von 28. Juli 21 Uhr bis 29. Juli 68 03.00 Uhr festgelegt.

Marschstraße 1: Hermsdorf – Langenberg
Marschstraße 2: Ossig – Krossen
Marschstraße 3: Autobahn
Marschstraße 4: Ostfeld – Goldschau – Hainichen – Dothen – Kischlitz
Marschstraße 5: Molau – Frauenprießnitz – Bürgel
Marschstraße 6: Camburg – Jena
Marschstraße 7: Eckertsberga – Apolda – Jena

Als Begrenzungsraum wurde festgelegt: Jena – Orlamünde – Neustadt/Orla – Triptis – Weida – Gera- Roben.

Die Leiter der VPKA wurden von der Leitung der BDVP eingewiesen. Als Kennwort der Aktion wurde von seiten der Leitung der BDVP ‚Sommerabend' festgelegt."[9]

Mielkes Armeeüberwacher sprachen hinsichtlich der sommerlichen Militärpolitik später von einer „*beabsichtigten langzeitigen Verschleierung militärischer Absichten im Rahmen der Aktion*" und vom „*relativ lange[n] Verbleiben in den Konzentrierungsräumen ohne jeglicher Lockerung*".[10]

---

[7] BStU, MfS, HA I, Nr. 56, Bl. ?????
[8] Das geht hervor aus dem Auswertungsbericht der Stasi-Armeeüberwachung vom Dezember 1968, der alle bekannten Handlungen von Geheimnisverrat auflistet. BStU, MfS, HA I, Nr. 56, Bl. 1ff, hier Bl. 8, 4.
[9] Fernschreiben der Stasi-Bezirksabteilung VII an die Abteilung II und die Kreisdienststelle Gera, BStU, BV Gera, KD Gera, 3012 (n), Bl. 18.
[10] BStU, MfS, HA I, Nr. 56, Bl. 5.

Anmerkungen zur Literatur

Eine moderne Gesamtdarstellung zur 1968er DDR-Geschichte gab es bislang nicht. Informativ sind einzelne Studien vor allem von Gehrke, Wenzke, Schwarz, Tantzscher.[11] Im 40. Jahr nach 1968 tut sich in den Buchregalen endlich einiges. Soeben erschien Wolles „Traum von der Revolte" – eine trotz des sinnwidrigen Titels lesenswert-sprachgewandte Darstellung, die ihre Stärken vor allem in der Beschreibung jung-intellektueller Wahrnehmungswelten und innerlogischer Ideologiekonflikte hat. Sie ist – wohl ganz mit Absicht des Autors – mehr spezifische Mentalitäts- als Politikgeschichte und als solche unbedingt gewinnbringend. Doch die Blickwinkel der jungen Arbeiterschaft und Dubček-Aktivisten, das Geschehen „in der Provinz" und die archivischen „Niederungen" bleiben leider auch hiermit noch wenig beleuchtet.

Von Thüringen aus veröffentlicht wurde kürzlich das „1968" des Jenaer Zeitgeschichtsprofessors Frei. Er bietet eine kompakte Übersicht jugendlicher Proteste in verschiedenen, vor allem westeuropäischen Ländern, die weniger Ereignisse, Prozesse oder gar Quellen thematisiert als vielmehr heutige zeithistorische Einordnungen. Wenn der Autor Prag allerdings „*hinter dem Eisernen Vorhang*" verortet und die andersgeartete System-Sozialschichtung osteuropäischer Jugendlicher und Studenten verkennt[12], so deutet das auf einen eher westzentrierten Blick.

---

[11] Vor allem: Wenzke, Rüdiger: Die NVA und der Prager Frühling 1968. Die Rolle Ulbrichts und der DDR-Streitkräfte bei der Niederschlagung der tschechoslowakischen Reformbewegung, Berlin 1995; Bernd Gehrke, 1968 – das unscheinbare Schlüsseljahr der DDR in: 1968 und die Arbeiter. Studien zum „proletarischen Mai" in Europa, hg. von Gehrke/Horn, Hamburg 2007; Schwarz, Wolfgang, Brüderlich entzweit. Die Beziehungen zwischen der DDR und der CSSR 1961-1968, München 2005.; Tantzscher, Monika, Maßnahme "Donau" und Einsatz "Genesung": die Niederschlagung des Prager Frühlings 1968/69 im Spiegel der MfS-Akten, BStU, Berlin 1998.

[12] Norbert Frei, 1968. Jugendrevolte und globaler Protest, München 2008, S. 212 bzw. S. 191, wo sich der Autor über das Fehlen prinzipieller Interessenunterschiede der Systemträger und Systemträger in spe, deren Mehrheit sich

In der eigentlichen „1968er" Literatur und Forschung geht es fast nicht um die DDR und mitunter auch nur sekundär um den Prager Frühling. Letzterer ist kompakt und analytisch ausgereift von Veser dargestellt und überdies für interessierte Thüringer kostenfrei zu bestellen.[13] Interessierte finden auch originäre tschechische/slowakische Publikationen, wie die von Kohout, Mlynář, Pauer, Hajek oder von Dubček selbst. Als globale Überblicksdarstellung empfiehlt sich Kurlanskys „Jahr, das die Welt rockte"[14], eine detailreiche global-informative Journalistenarbeit.

Eine systematische Darstellung der Proteste der ČSSR-Sympathisanten in der DDR fehlt leider noch immer weitgehend. Ausgewertete Quellen sind erst einzelne Stasi-Analysen, so dass teilweise sogar unvollständige Zahlen und verfälschende Stasi-Berichte über die Proteste kursieren.

Zu Intention und Struktur dieser Arbeit

Im Vordergrund dieser Darstellung zu den thüringischen Bezirken sollen der politik- und regionalgeschichtliche Blick stehen und der Fokus auch auf die Proteste, ihre Protagonisten und Gegenspieler gerichtet sein.

Die Themenwahl erforderte ausführliche Fakten- und Quellensuche – der Schwerpunkt der Aktenrecherchen lag naturgemäß auf den Unterlagen der regionalen Staatssicherheits-Stellen, wobei die Aktensituation für die einzelnen Bezirke recht verschieden ist (So gibt es z.B. diverse Dokumente zum Meinungsspiegel der Ilmenauer TH, während diese für die Jenaer Universität weitgehend fehlen.) Leider musste aus Zeitgründen auf regionale SED-, FDJ-, Rats- und Polizeiquellen verzichtet werden.

Es sind die Fakten und Akten, die das Augenmerk immer wieder auf Jugendliche richten – so intensiv, dass sie auch den Buchtitel mit prägen mussten. Da dies vielleicht junge Leser heute an-

---

ihre Studienberechtigung mit ideologischen Bekundungen erworben hatte, wundert.
[13] Veser, Reinhard, Der Prager Frühling 1968, Erfurt 2008² (hg. v. der Landeszentrale für politische Bildung Thüringen.)
[14] Mark Kurlansky, 1968 – Das Jahr, das die Welt veränderte, Köln 2007.

spricht, habe ich besonders prägnante Aussagen von oder über die „Ost-68er"-Jugendlichen, ihre Motive, Interessen und Gründe in Zitat-Kästen recht ausführlich zwischen die Kapitel gesetzt. Diese Aussagen sind von individueller Eindrücklichkeit, aber sie widerspiegeln auch Typisches und werfen Schlaglichter auf die Gesamtsituation nicht nur derjenigen Jugendlichen, die aktiv gegen den Truppeneinmarsch mit Aktionen protestierten.

Ausführliche Zitate sind also von mir gewollt, auch wenn sie nicht jedermanns Lesegeschmack sind. Die meisten Zitate entstammen Thüringer personenbezogenen Stasi-Unterlagen, sie geben der Darstellung die unverzichtbare lebensgeschichtliche Komponente.

Aus Datenschutzgründen muss generell verzichtet werden auf die Namensbenennung der Dubček-Sympathisanten und Okkupations-Kritiker, die von Polizei, Staatssicherheit und Justiz registriert, verhört oder bestraft wurden, obwohl ihnen ihr aufrechtes politisches Verhalten, ihr Eintreten für demokratische Reform und ihr Solidarisieren mit der invasiv bedrohten CSSR-Bevölkerung heute zur Ehre gereicht. Aus gleichen Gründen wurde auch verzichtet auf die einzelnen Personen-Aktennummern. Die Aktenbelege wurden korrekt zitiert und liegen natürlich vor.

2. Thüringen während des Prager Frühlings – Januar bis August 1968

Einschätzung der POS-Schulleitung über einen 17-jährigen Erfurter, 1968

> „Der vom Elternhaus geduldete bzw. ausgehende negative Einfluss hatte zur Folge, dass er grundsätzlich einen skeptizistischen Standpunkt zur sozialistischen Entwicklung in der DDR und der Politik der Regierung der DDR insgesamt einnahm.
>
> Er ging an die Einschätzung politischer Probleme mit der Maßgabe heran, ob es nicht auch anderweitige Möglichkeiten zur Lösung einer bestimmten Aufgabe gegeben hätte, als wie sie von den Regierung der DDR praktiziert wurde.
>
> Er befasste sich in diesem Zusammenhang intensiv mit den von der katholischen Kirche eingenommenen Standpunkten, so zum Beispiel über den Friedenskampf, die Beseitigung der Arbeitslosigkeit und des Hungers, der Wehrdienstpflicht usw.
>
> So nahm er zwar im Rahmen der vormilitärischen Ausbildung im letzten Schuljahr an den Hans Baimler-Wettkämpfen teil, vertrat jedoch zur Wehrpflicht in der DDR einen negativen Standpunkt, der darauf hinauslief, dass er nur deshalb seinen Wehrdienst ableisten würde, weil er dazu durch das Gesetz ‚gezwungen' würde."
>
> BStU, BV Erfurt, Personenakte, Bl.56

Aussprache im Lehrkollektiv über einen 18-jährigen Weimarer, 1968

„Im Staatsbürgerkundeunterricht hielt er nie mit seiner Meinung zurück, sondern war offen und ehrlich. Er sprach Probleme an und bezog dazu Stellung, an die sich andere Lehrlinge nicht heranwagten, weil sie weder das politische Interesse noch den Mut dazu besaßen.[...]

Seine diesbezügliche Aktivität war besonders während der Verfassungsdiskussion augenscheinlich. Er diskutierte, um selbst die Wahrheit zu finden. [...]

Es konnte festgestellt werden, dass er zu ideologischen Problemen mehrfach keine klare Stellung bezog, sondern eher eine versöhnlerische Haltung einnahm. Dies fand seinen Ausdruck besonders darin, dass er, als sich die konterrevolutionäre Entwicklung in der ČSSR bereits andeutete, eine unhaltbare Auffassung über den Begriff ‚Freiheit' vertrat.

Er war der Meinung, dass unter ‚Freiheit', Freiheit für jede Person und für alles bedeutete.

In einem anderen Fall wurde er aufgefordert, seine Haartracht, er trug eine sogenannte Beatle-Frisur, vernünftig zu gestalten. Dies wurde von ihm mit der Begründung abgelehnt, dass ihm nach dem Gesetz seine persönliche Freiheit zustehe und er deshalb in dieser Beziehung machen könnte, was er wollte. Er behielt seine Frisur, obwohl er darauf aufmerksam gemacht wurde, dass er damit den Lehrbetrieb in Misskredit bringen könnte. Darüberhinaus verteidigte er auch noch andere Jugendliche, deren Haar noch länger war als das seine."

BStU, BV Erfurt, Personenakte, Bl. 34ff.

Polizei-Verhör eines 19-jährigen Nohraers, 28. August 1968

„Frage: Wie haben Sie sich mit dem Beat-Unwesen beschäftigt?
Antwort: Obwohl ich lange Haare habe, bin ich kein eigentlicher Beat-Anhänger. Natürlich habe ich mir, vor allem im ‚Deutschlandfunk' Beat-Musik angehört, aber ich war nicht derartig davon begeistert, dass ich an nichts anderes mehr gedacht hätte. Von Bekannten hatte ich einige Bilder der Beatles mehrerer Beat-Gruppen erhalten und die habe ich zu Hause aufgehängt. Ich hielt das für die derzeitig große Mode und habe das mitgemacht. Mit den Jugendlichen ist bei uns auf dem Dorf nicht viel los. Nur in größeren Zeitabständen ist Tanz oder Kino und da muss man sich eben mit etwas beschäftigen. ...
Frage: Aus der Einschätzung des Rates der Gemeinde ist zu entnehmen, dass Sie sich mit anderen Personen verschiedentlich zusammenrotteten und zu rowdyhaften Handlungen neigten. Was waren die Ursachen dafür?
Antwort: Es ist richtig, dass es vor 4 Jahren bis vielleicht vor 1 Jahr solche Erscheinungen gab. Ich habe mich mit Gleichaltrigen mitunter zusammengefunden und wir haben des öfteren Unfug getrieben, z.B. Türen ausgehängt und versteckt, um die Leute zu ärgern. Ich war auch an zwei Schlägereien beteiligt. Mit der Zeit hat sich das aber gegeben, weil wir öffentlich zur Ordnung gerufen wurden und Strafe zahlen mussten."

BStU, BV Erfurt, Personenakte, Bl. 35f.

Bericht über einen 20-jährigen Hermsdorfer

„Da ... bei vielen Argumenten immer wieder versuchte, einen Mittelweg vorzuschlagen, wurde ihm ganz klar aufgezeigt, dass in der Welt zwei sich grundsätzlich verschiedene Gesellschaftssysteme gegenüberstehen. Ein System des Sozialismus und des Friedens und das System des Kapitalismus und des Krieges.

Nach seiner Meinung könne man das nicht so sagen, auch die westlichen Staaten wollten den Frieden. Er sei der Meinung jeder Mensch wolle so leben, wie es ihm gefällt und das sagen, was er denkt.

Er würde immer danach handeln, auch wenn er dadurch oft Schwierigkeiten hätte und von vielen Bürgern wegen seiner Frisur (Beatles-Mähne) als Verbrecher u.ä. beschimpft würde. Auf die Frage, warum er eine derartige Frisur trage, antwortete er: ‚Damit will ich auch meine Haltung unterstreichen.'"

BStU, BV Gera, Personenakte, Bl.15

Einschätzung über einen 17-jährigen Jenaer, der im Oktober 1968 vor Gericht kam

„Der Angeklagte wollte nicht einsehen, dass es schädlich ist, lange Haare zu tragen und sich in der Freizeit in erster Linie der Beat-Musik zu widmen. Er folgte auch nicht den Hinweisen, Mitglied der Freien Deutschen Jugend zu werden. Diese Organisation interessierte den Angeklagten nicht ... Die vielseitigen Bemühungen der fortschrittlich eingestellten Eltern, den Angeklagten zu einem ordentlichen Menschen mit einer klassenmäßig bewussten Einstellung zu erziehen, stehen im Widerspruch zu den Ergebnissen und dem Verhalten des Angeklagten."

BStU, BV Gera, Personenakte, Bl.34

2.1. Streiflichter zur innenpolitischen Situation Anfang 1968

In den Endsechzigern war die Situation – sowohl politisch wie auch gesellschaftlich – äußerst dominant und konstant durch die SED-Führung geformt. Sieben Jahre nach dem Mauerbau hatte Ulbricht die Macht seines Führungszirkels in Staat und Gesellschaft gefestigt und als Parteichef, Staatsratsvorsitzender sowie Verteidigungsrats-Chef die Machtfülle eines absoluten Landesfürsten inne. Von Abwählbarkeit konnte keine Rede sein.

Im Politischen hatte er die Kritiker auf allen Ebenen durch Strafprozesse, Strafdrohung, Verdrängung zur Flucht oder Karriereschranken zum Schweigen gebracht und eine berechenbare „Ruhe und Ordnung" für alle geschaffen. Die SED-Spitze hatte die machttransponierende Funktionärsklasse mit Ideologie, Status und Sicherheit an sich gebunden, ein umfassendes kommunistisches Meinungs- und Medienmonopol errichtet und parteiliche Normen für das „richtige" Geistes- und Kulturleben gesetzt. Das Politische drang überaus stark in soziale Beziehungen ein.

Langfristige Politikvorgaben wurden über die SED-Parteitage vermittelt. Der VII. Parteitag von 1967 postulierte den Übergang vom „Aufbau des Sozialismus" zur „Gestaltung des entwickelten Sozialismus". Dazu gehörte eine neue Verfassung, deren Entwurf Anfang 1968 verbreitet wurde, sowie eine recht umfassende Staats- und Rechtsreform mit komplexen Struktur- und Gesetzesänderungen, also mit neuem Staatsbürgerschaftsgesetz (1967), Polizeigesetz, Strafgesetzbuch, Strafprozessordnung, Gerichtsgesetz, Strafvollzugsgesetz, Ordnungswidrigkeitsgesetz, Einreise-Passgesetz (alle 1968) und neuem Wahlgesetz (1969).

Diverse neue Industrieministerien regulierten ausgiebig Produktion, Ressourcen, Handel, Preise und Verkehr. Sie setzten ihre planwirtschaftliche Normen für die DDR-Wirtschaft unter vordergründig machtpolitischen, ideologischen Kriterien. Die ständigen Regulierungswidersprüche wurde von Regierung, Partei und Wirtschaft mit Ritualen der „Kritik und Selbstkritik" zu bewältigen versucht. Die Arbeiterschaft der Großbetriebe war de facto entgewerkschaftlicht, kontrolliert und durch „Produktionsaufgebote" und Wettbewerbe zwangsmotiviert. Landwirtschaft und Gewerbe waren verstaatlicht und planwirtschaftlich neu strukturiert. 1963/64 hatte es mit dem „Neuen Ökonomischen System" Reformversuche zu partieller Selbstregulierung und Leistungsanreiz gegeben, die Ende 1965 aber als gescheitert galten und differenzierender Innovationsförderung und „strukturbestimmender Planung" gewichen waren. Gegenüber der westlichen Marktwirtschaft herrschte eine (strukturelle wie wettbewerbliche) Abschottung und Ulbricht erzeugte mit seinem unrealistischen Slogan „Überholen ohne einzuholen" starken politischen Erfolgsdruck. Die Arbeiterschaft vollbrachte hohe Arbeitsleistungen, die ihr trotz leichter Lohnsteigerungen bis 1967 nur teilweise zugute kamen und vielfach stärker in den staatlichen Eigenverbrauch am Nationaleinkommen und in vielfältige Ineffizienzen flossen.

Staats-Kinderbetreuung ab dem 1. Lebensjahr ermöglichte einen sehr hohen Beschäftigungsgrad und das Schulsystem, das inzwischen viel „polytechnisches" und ausschließlich politisch genehmes Wissen vermittelte, hatte immer auch den Auftrag staatsbürgerlicher Erziehung. Jugendliche lernten 1968 auch das Fach „Einführung in die sozialistische Produktion". Fast automatisch wurden ganze Schulklasse zu „Pionieren", FDJ-Mitgliedern oder „Jugendweihlingen".

Die Jugendlichen bekamen einen relativ gleichen Bildungsabschluss der 10. Klasse mit sofortigem Übergang zu einer Lehrstelle meist in einem benachbarten Industriebetrieb. Ihre Lebensperspektive lag in langfristig konstanter Beschäftigung als Fabrikarbeiter oder Handwerker, LPG-Bauer oder Bauarbeiter, Verkäuferin oder Krankenschwester. Wer ideologische oder herrschsüchtige Ambitionen und Anpassungsbereitschaft hatte, konnte auch eine Perspektive in der kleinen Funktionärsschaft finden. Wer studieren durfte, wurde in der 8. Klasse vorbestimmt durch EOS-Besuch mit Abitur – dafür kam nur etwa jeder zehnte Schüler in Frage und für deren Auswahl spielten politische Bekenntnisse, FDJ-Aktivität, sozialistisches Elternhaus, längere Armeeverpflichtung und gute Noten eine Rolle.

In der Freizeit orientierten sich allerdings viele Jugendliche an Beatmusik, interessierten sich für die großen globalen Jugendkulturen und ihre diversen Distanzen zur Erwachsenenwelt, wollten von politischer Agitation unbehelligt bleiben und eigentlich auch gerne in die große weite Welt. Ein Teil der Jugendlichen war außerdem bereit, seine kleinen Freiheiten zu verteidigen und die Unfreiheiten (v.a. das Reiseverbot) zu kritisieren, mit offen geäußerten Meinungen anzuecken und sich über internationale Medien mit Argumenten zu versorgen. Wer ein Kofferradio hatte, stellte die Musiksender ein, hörte aber auch die Nachrichten mit. Andere Jugendliche hatten sich von den kommunistischen Visionen, der „sozialistischer Moral", der Friedensargumentation, der einfach nach „gut" und „böse" strukturierten Feindpropaganda oder ähnlichem überzeugen lassen oder fanden Gefallen an den greifbaren Machtfüllen des Funktionärsstaats, so dass sich einige von ihnen durchaus aktiv, rabiat oder denunzierend am staatlich-disziplinarischen Vorgehen gegen andere Jugendliche beteiligten. Durch das „Kahlschlag-Plenum" 1965 hatte die SED-Führung einem kurzzeitigen Trend zur Liberalisierung und gewissen Freizügigkeit moderner Jugendinteressen wieder ein deutliches Ende gesetzt. Die antiwestlichen FDJ- und SED-Oberen benutzte eine Randale-Meldung über ein Westberliner Stones-Konzert, um Beatfreunde, Langhaarige und eigensinnige Jugendliche auch in der DDR langfristig in Misskredit und Asozialität zu setzen und ab 1966/67 ein systematisches Überwachungs- und Disziplinierungssystem zu installieren (siehe auch Kapitel 6). 1968 war der Druck von Spießbürgern und Stalinisten auf Jugendliche, die „Westmusik" hörten, „Beatle-Schnitte" trugen und abends gemeinsam auf den Straßen „abhingen" bereits wieder beträchtlich.

Die DDR-Hochschulen (für Thüringen in Jena, Weimar und Ilmenau) waren weitgehend in die von der SED vorgesehene Funktion als „Kaderschmieden" reingewachsen. Das aktuelle Feld politischer Interessen und Unruhen unter Akademikern lag 1967/68 vor allem bei der 3. Hochschulreform. Eine große Zahl von Professoren dachte inzwischen auch systemkonform, alle Professoren traten systemkonform auf, auch wenn sie sich meist ein bisschen weniger banal-propagandistisch als SED-Funktionäre und

DDR-Medien äußerten. Dem Hochschulpersonal war klar, dass es im öffentlichen Raum um angepasstes Sein oder akademisches Nichtsein ging. Politischer Unwille oder Kritik wurde nicht offen geäußert, sondern eher spitzfindig verkleidet, diffus verweigernd oder subtil praktiziert.

Die Staatssicherheit bemerkte laut 1968er Jahresanalyse durchaus derartigen Unwillen, z.b. *„in der Angst, alte überlieferte Traditionen aufzugeben..., in Auffassungen die alten Universitätsstrukturen und den Aufbau der Hochschulen zu erhalten ... [und] in der Tendenz des Nur-Wissenschaftlertums."*[15] Doch anders als bei den bundesdeutschen Hochschulkonflikten ging es hierzulande bei den Akademikern nicht um „alte Zöpfe", sondern um das Bemühen um Wahrung von Wissenschaftsfreiheit vor der gänzlichen Überwältigung durch politisch-utopische Glaubenssätze.

Für die Hochschulzulassung – und damit für die Herkunftsmilieus der 1968er DDR-Studentenschaft – spielten Bildungs- und Besitzstand der Elternhäuser fast keine Rolle mehr, politische bzw. weltanschauliche Loyalität stattdessen eine um so größere.

Insofern war die Hochschulsituation in der DDR kaum vergleichbar mit der „westlichen", in der die großen Studentenproteste ihre Wurzeln hatten. Die Konfliktlinien verliefen nicht zwischen den Wissenschaftlern und Studenten, sondern auf den „weltanschaulichen" Linien – und diese wurden stärker außerhalb der Hochschulen geformt und durchgesetzt als innerhalb.

Im Frühjahr 1968 waren die Menschen dazu aufgefordert, mittels „Volksentscheid" für den Entwurf einer neuen DDR-Verfassung zu stimmen. Dieser wurde mit großen Floskeln von den vielen kleinen Funktionären durch die Betriebe und Wohngebiete getragen. Dabei war allgemeinhin klar, dass es hier nicht um echte Volksdebatte und Mitsprache, sondern um eine staatsideologische Kampagne mit der Pflicht zum Ja-Sagen ging. Die Verfassung, für die schließlich 94 Prozent ihre Unterschrift gaben, schrieb ganz offensichtlich die von der SED beherrschten Macht- und Staatsstrukturen und den irreführenden kommunistischen „Demokratiebegriff" fort.

---

[15] BStU, MfS, HA XX, AKG, 804, Bl. 81.

Und im Lande herrschte außerdem jene Wirklichkeit, die nicht im „Volk", „Freien Wort" oder der „Volkswacht" nachzulesen waren, sondern in Dossiers von Polizei und Staatssicherheit:
Ende März ließ die Worbiser Staatssicherheit einen 18-jährigen Eichsfelder inhaftieren, zwecks Strafverfahren wegen „Staatsverleumdung". Er hatte damit begonnen sich mit anderen Jugendlichen zusammenzutun und mit ihnen geplant, auf der bevorstehenden 1.-Mai-Demonstration seine Anti-Ulbricht-Linolschnitte in Form von Plakaten öffentlich zu verbreiten. Seine Einlieferung in den Stasi-Knast Erfurt verhinderte dies.[16]
Gerade mal 18 war auch die Arbeiterin aus der Erfurter Schuhfabrik, die eine Verfassungsentwurf-Broschüre durch Anti-Ulbricht-Losungen u.ä. „*verunstaltet*" hatte, obwohl sie doch aus „*fortschrittlichem Elternhaus*" kam. Sie hatte diese dann im Kreis der Lehrlinge herumgereicht und geriet daher zum 1. April in ein polizeiliches „Ermittlungsverfahren ohne Haft".[17]
In Jena gründeten Jugendliche am 1. April jenseits der erlaubten FDJ- und DDR-Kulturpolitik ihren „Jugendklub 1968", an dem zuerst auch zwei Jugendliche mitwirkten, die sich über das staatliche Herabreißen von Beatles-Postern im Jugendklub geärgert hatten. Sie vergalten das noch am selben Abend mit dem Herabreißen eines staatlichen Plakats (zum Verfassungs-Volksentscheid) – mit der Konsequenz, dass ihre Tat sofort auf dem Polizeirevier aktenkundig wurde.[18] Welche Folgen dies noch für sie hatte, ist leider nicht bekannt.
Die Staatssicherheit – bislang noch wenig beschäftigt mit dem Prager Frühling – hatte sich auf die Tage des Verfassungs-Volksentscheids (28. März bis 7. April) vorbereitet: Im Rahmen ihrer Geheim-Aktion „Optimismus" wurden alle „Vorkommnisse" akribisch zusammengetragen, analysiert und bearbeitet.
Am Abend des 28. März hatte jemand in Nordhausen den Aufruf zum „Volksentscheid" aus der SED-Zeitung an ein Schaufenster geklebt und ein riesiges „Nein" darüber geschrieben. Einen Tag

---

[16] BStU, MfS, HA IX, 12.735, Bl. 12f.
[17] BStU, MfS, HA IX, 12.735, Bl. 41.
[18] BStU, MfS, HA IX, 12.735, Bl. 43.

später prangten auf einem Volksentscheid-Plakat in Eingangsnähe der Erfurter SED-Parteischule und später auch an einer Erfurter Litfasssäule riesige „Nein"-Aufschriften. In der Gothaer Südstraße fanden Passanten am Morgen des 30. März an einem Zaun sechs große Nein-Kreuze – noch vor 7 Uhr traten Kriminalisten und Stasi-Offiziere in Aktion. In der Nacht zum 31. März wurde ein angetrunkener Maschinenarbeiter aus Bad Klosterlausnitz von der Polizei festgenommen, weil er ein Schaufenster in Hermsdorf eingeschlagen und das dahinter geklebte Plakat zerstört hatte. Er wurde wieder freigelassen, bekam aber ein Strafverfahren an den Hals (dessen Ausgang hier unbekannt ist).[19] Zwei Stunden vor ihm hatte ein 17-jähriger Lehrling in Goldbach bei Gotha ebenfalls eine Scheibe eingeschlagen zwecks Entfernung des Volksentscheid-Plakats aus dem Schaukasten. Und im nordthüringischen Gernrode trat auf diese Weise ein erst 12jähriger Schüler in Aktion, der *„seine Lehrer ärgern"* wollte. Am Morgen des 31. März war in Meiningen eine DDR-Fahne heruntergerissen und am Abend der Wegweiser zu einen Suhler Unterschriften-Sammellokal mit Neins und durchkreuzte Kreise verziert. Öffentliche „Neins" und „Plakataktionen" gab es auch in Sömmerda, Gotha, Friedrichroda und Wanzleben, in Suhl, Meiningen, Schmalkalden, Kaltennordheim, Geisa, Roßdorf und Sonneberg. In der Nacht zum 2. April wurden junge Leute aus Jena, Greiz, Pößneck, Schleiz, Kamsdorf und Bad Salzungen aktiv. Ein Lehrling aus Greiz und einer aus Pößneck schnitten gemeinsam die „Ja"-Worte aus den Plakaten – sie begründeten dies mit ihrer Kritik am Artikel 37 (Recht auf Wohnraum), da sie weit und breit keine Aussicht auf eine eigne Wohnung sahen, und wurden festgenommen. 150 Mark Ordnungsstrafe bekam ein angetrunkener 19-jähriger Tischler aus dem schleizerischen Oschütz, weil er ein Kinder-Verfassungsplakat herabgerissen hatte. Und fast gleichzeitig erwischte die Maxhütten-Betriebswache in Kamsdorf einen Schlosser und einen VP-Anwärter, die nach angetrunkenem Mut ebenfalls gerade dabei waren, solch ein Plakat abzureißen.

---

[19] BStU, MfS, HA IX, 12.735, Bl. 14.

Im Südwesten Thüringens bewies ein Bürger Mut mit seiner Ölfarben-Losung direkt gegenüber dem Polizeiamt von Bad Salzungen: „*Am 6.4. – nein.*"
Sofort in die Haftzelle sperrte die Polizei einen Erfurter, der einige Polizisten offen auf der Straße beschimpft und angekündigt hatte, dass er auf keinen Fall am 6. April eine Ja-Stimme für die Verfassung geben würde.

Dass solche offene Proteste verfolgt und bestraft würden, war allgemein bekannt. Auch Jenaer Theologiestudenten wussten dies.

Sie wählten ebenfalls nicht ohne Grund eine anonyme Protestform: das Flugblatt. In der Nacht zum 4. April verteilten sie es im Stadtgebiet auf Plätzen und in Briefkästen. Die Polizei bekam noch in derselben Nacht eine „Anzeige" und die Staatssicherheit inhaftierte acht Monate später die Studenten.[20] Einer sagte im Verhör:

> „*Es muss Ende März 1968 gewesen sein, als in meinem Zimmer zwischen ... und mir ein Gespräch über den Entwurf der neuen soz. Verfassung stattfand. Im Verlaufe dieses Gesprächs haben wir dann beschlossen, etwas gegen die Annahme der neuen soz. Verfassung zu unternehmen. Wie ich bereits sagte, wurde darüber beraten, auf Ausfallstraßen von Jena mittels Latex-Farbe ein ‚Nein' mit einem durchkreuzten Kreis zu schmieren und Flugblätter mit dem gleichen Inhalt herzustellen und im Stadtgebiet von Jena zu verbreiten.*"[21]

In Ilmenau war es womöglich ebenfalls ein Student, der beim SED-Kreis-Chef Funkler zuhause angerufen und gerufen hatte: „*So nicht, wie Ihr Euch das mit der Verfassung denkt.*"[22] Ob die Stasi-Offiziere den Anrufer fanden, ist leider nicht bekannt.

Etwas breiter, offener und folgenloser verliefen studentische Äußerungen an der Ilmenauer TH, wo es bezüglich des Verfassungsentwurfs hieß, „*dass es im Institut [für Fertigungstechnik] eine Reihe von Diskussionen über die führende Rolle der Partei gäbe*" und „*dass eine personelle Trennung von Partei und Staat*

---

[20] MfS-Operativvorgang „Bande", BStU, MfS, BV Gera AOP 357/69.
[21] Das Verhör fand am 25. Januar 1969 statt. BStU, MfS, BV Gera, Personenakte, Bl. 124.
[22] BStU, MfS, HA IX, 12.735, Bl. 47.

befürwortet werde".[23] Ein Ilmenauer Marxismus-Lehrer, der immerhin auch „*mehr politischen Stunk*" forderte, kam mit einer „Aussprache" bei der Parteileitung ebenfalls glimpflich davon. Über einen 31-jährigen Arbeiter aus Niedersachswerfen, der später auch gegen die Okkupation auftreten sollte, berichtete der IM „Hermann Kant" seinem Stasi-Führungsoffizier:

> „*Den ersten Beweis* [seiner polit. Einstellung] *lieferte er bei dem Volksentscheid zu unserer Verfassung. Er sagte wörtlich am Vorabend des Volksentscheides, ‚das ist der größte Mist, den sie je gebaut haben, (Gemeint war unsere Staatsführung). Ich werde ihnen beweisen, dass ich machen kann, was ich will. Ich wähle entweder garnicht, oder ich komme um 18.00 Uhr.' Die Gemeinde hatte sich bekanntlich das Ziel gesetzt, alle Bürger genügen bis 09.00 Uhr ihrer Stimmpflicht. Er erschien zwar am Abstimmungstag früh um 09.30 Uhr mit seiner Gattin, jedoch hatte er am Vortag nach einigen Glas Bier mal wieder seine wahre Meinung kund getan. Das war jedoch kein Einzelfall. Fast täglich kann man Redewendungen von ihm hören, die in jedem Falle gegen unseren Staat gerichtet sind. Als die neuen Grenzsicherungsanlagen gebaut wurden, war seine Meinung: ‚Wir leben in unserem großen Zuchthaus, aber wenn ich wollte, käme ich noch raus.'*"[24]

Die ablehnenden Meinungen, die solcherart offener Kritik oder Protest zugrunde lagen, waren keine Einzelfälle. Aktenkundig wurden sie jedoch nur, wenn sie entsprechend offen geäußert wurden und sich ein Funktionär oder Zuträger in Hörweite befand. Daher ist es mit den Methoden der Geschichtsforscher leider unmöglich, den Meinungsspiegel genauer zu quantifizieren.

Den Protesten standen in allen Regionen freilich Stalinisten, Sozialismus-Überzeugte, Mitläufer und jenen SED-Getreue, die bei Staat und Stasi Meldung machten, gegenüber.

Bedenkt man aber, dass diese Proteste DDR-weit stattfanden und dass direkte Protestaktionen nur eine Spitze vom Eisberg politischer Unzufriedenheit sind, so lässt sich vermuten, dass bald in allen Teilen der Bevölkerung der Blick in Richtung Prager Frühling ging und von Hoffnung auch fürs eigne Land erfüllt war.

---

[23] BStU, MfS, BV Suhl, AKG, 12, Bd. 1, Bl. 148.
[24] ?????????

Aussage eines 16-jährigen Weimarers, 1968

„Meine negative Meinung hierzu habe ich nicht nur aus den Nachrichten mir gebildet, sondern weil ich allgemein keine positive Meinung zur DDR habe.
Eine nur negative Meinung habe ich aber auch wieder nicht, denn alles ist nicht schlecht bei uns.
Ich schlängele mich zwischen positiv und negativ so durch und wähle den Zwischenweg."

BStU, BV Erfurt, Polizeiakte, Bl. 184

Aussage eines 17-jährigen Weimarers, 1968

„Ich will eben ins Ausland. Ich vertrete die Meinung, dass es mir im Ausland besser gefällt.
Ich will eben eine andere Staatsangehörigkeit haben und auch einen anderen Ausweis. Ich möchte eben andere Sprachen sprechen. Ich will eben in ein anderes Land. Hier kann man sich ja auch nicht aussuchen, was man machen will, weil eben alles schon so voll ist.
Von einem anderen Land aus kann man ja auch überall hinfahren, wo man will, was man hier nicht kann.
Dann sind auch die Menschen ganz anders, freundlicher und so. Zum Beispiel kann ich mich mit den Russen über alles unterhalten und so und die verstehen mich auch.
Ich will auch sagen, dass mir die anderen Armeen und deren Uniformen besser gefallen und überhaupt.
Dies ist alles meine eigne Meinung und ich wurde von niemandem dazu veranlasst. Das ist meine Meinung, die ich mir selbst gebildet habe."

BStU, BV Erfurt, Personenakte, Bl. 161

IM-Berichte über drei 20-jährige Fachschüler:

1: „3 Schüler der IfK [=Ing.schule für Keramik] wurden am 28.3.1968 in der Gaststätte aufgefordert, in der Versammlung das Skatspielen zu unterbrechen. Dieses geschah jedoch nicht. In der anschließenden Diskussion brachte ein Schüler zum Ausdruck, dass ‚er diesen Käse' schon hundertmal gehört und mitgemacht hätte und wenn er gewusst hätte, dass Versammlung ist, wäre er gar nicht hierher gekommen. Sie versuchten die Diskussion auf Nebenfragen abzuleiten. Erst als einige Versammlungsteilnehmer persönlich wurden, verließen sie die Gaststätte."

2: „Der Student ... stellte außerdem in provokatorischer Art Fragen, die eine negative Grundeinstellung zum Verfassungsentwurf erkennen ließen. Bsp.: ‚Kann ich in einer anderen Stadt abstimmen, denn ich will bei einer offenen Abstimmung in Hermsdorf nicht dabei sein. In einem anderen Ort bin ich nicht bekannt und kann dann fast geheim abstimmen.'"

BStU, BV Gera, Personenakte, Bl. 8, 10.

Äußerung über einen 17-jährigen Gothaer:

„Als Mitglieder der FDJ-Gruppe von ihm forderten, sich die Haare ordentlich schneiden zu lassen – er trug einen sogenannten Beatle-Schnitt – reagierte er nicht darauf. Er bekam von den Jugendlichen sogar das Geld für den Friseur.

Völlig selbständig griffen dann einige FDJ-Mitglieder zur Selbsthilfe, indem sie ihm selbst die Haare schnitten."

BStU, BV Erfurt, Personenakte, Bl. 59

Aussage eines 17-jährigen Jenaers:

„So bin ich gleichfalls der Meinung, dass es zum persönlichen Vorteil gereicht, wenn man in allem mitmacht. So geschah dies auch, als ich beispielsweise in die ges. Organisationen eintrat, nicht aus Überzeugung. Das war insbesondere bei meinem Eintritt in die FDJ der Fall, beim Eintritt in die GST sah dies schon anders aus, weil ich mir dort fachliche Kenntnisse erwerben wollte.

Ich vertrete die Meinung, dass die Sicherung von unserer Staatsgrenze zu streng sei und diese gelockert werden müsste. Außerdem war ich der Meinung, dass es keine Reisebeschränkungen nach Westdeutschland geben dürfte. Teilweise war ich auch mit der Preispolitik in der DDR nicht einverstanden und war der Meinung, dass manches billiger gemacht werden müsste.

Wenn wir aus Westdeutschland Pakete erhielten, mussten wir im Familienkreis immer feststellen, dass diese von den Zollorganen der DDR geöffnet worden waren. Mit dieser Maßnahme war ich auch nicht einverstanden, und ich habe gleichfalls wie meine Eltern die Meinung vertreten, dass dadurch das Postgeheimnis verletzt worden ist.

Besonders ... [nach dem 21.8. ...] entwickelte sich bei mir eine gegnerische Einstellung."

BStU, BV Gera, Personenakte, Bl. 43

Aussage eines anderen 17-jährigen Jenaers:

„Ich wurde so erzogen, dass ich mit politischen Äußerungen sehr vorsichtig sein soll, und wenn ich etwas nicht verstände, lieber den Mund halten sollte als etwas falsches zu sagen."

BStU, BV Gera, Personenakte, Bl. 32

Aussage eines EOS-Schülers der 12. Klasse:

„Mein Vater erläuterte mir oft, welches Leid der Faschismus dem deutschen Volke und auch den anderen Völkern gebracht hatte.
Er berichtete mir auch über seine Erlebnisse bei der faschistischen Wehrmacht und in der amerikanischen Gefangenschaft. Seine Meinung dazu war, dass sich so etwas nicht wiederholen dürfe.
Ansonsten überließ er aber meine gesamte politisch-ideologische Erziehung der Schule.
Er gestattete es, dass ich Mitglied verschiedener demokratischer Organisationen wurde, gab mir jedoch den Rat, mich in politischen Fragen zurückzuhalten.
In der Öffentlichkeit sollte ich mich entweder nicht oder nur so äußern, wie es in der Schule gelehrt wird."

BStU, BV Gera, Personenakte, Bl. 34

Aussage eines Grundschullehrers:

„Seit dem Januarplenum der KPČ verfolge ich den neuen Weg, den die ČSSR unter der politischen Führung Dubčeks verfolgte.
Ausgehend von dem Prinzip, dass die Führung der Partei der Arbeiterklasse in der ČSSR unumstößlich feststehe, gefiel mir das Neue, was ich als Weltoffenheit bezeichnen möchte, in dieser Politik."

BStU, BV Gera, Personenakte, Bl. 70

2.2. Beginnende Wahrnehmung der ČSSR-Reform

Die Ablösung Novotnýs durch Dubček im Januar, über die auch die Thüringer Zeitungen kurz berichteten, wurde von der Bevölkerung kaum zur Kenntnis genommen. Am 22. Februar bereitete Parteichef Dubček seine osteuropäischen Kollegen in Warschau vorsichtig auf einen reformerischen Trend seiner Innenpolitik vor – auch das wurde den Thüringern kaum bekannt. Ulbrichts Machtriege beobachtete hingegen seit Februar aufmerksam, wie sich in Prag eine Presse- und Meinungsfreiheit zu entfalten begann und dann am 4. März der Präsidiumsbeschluss der KPČ folgte.

Daraufhin organisierte die SED am **10. März** ihre erste Medienkampagne im eignen Lande.[25] In der SED-Zentralzeitung „Neues Deutschland" erschien ein Artikel „über die gegenwärtige Lage in der ČSSR", der wie üblich eine offensive Meinungsbildungsfunktion haben und landesweit in Partei und Betriebsversammlungen propagandistisch besprochen werden sollte. Darin wurden die verfälscht dargestellte Flucht des Generals Šejna und die Auflösungserscheinungen der ČSSR-Staatsjugend als Negativargumente benutzt. Der SED-Propagandist Hager kritisierte darin außerdem den tschechischen Reformkomunisten Smrkovský heftig. (Ganz anders dagegen hatten am 29. Februar Ulbrichts freundlich begrüßenden Worte über die gerade aufbrechenden Studentenproteste im Westen Berlins geklungen.)

Partei- und Stasi-Stellen sammelten eifrig örtliche Reaktionen aus der Bevölkerung. Diese waren allerdings in der Breite der arbeitenden Bevölkerung noch kaum zu finden. Das Interesse war jetzt noch wenig von Prag bewegt, sondern weitaus stärker von den „**Märzprotesten**" in Polen:

> Die Warschauer Studentenschaft organisierte am 8. März für zwei relegierte Studenten eine Soli-Demonstration, die von bewaffneten Arbeitermilizen aufgelöst wurden. Das führte zum Streik am Warschauer Polytechnikum und zu überregionalen

---

[25] Vgl. u.a. Schwarz, Wolfgang, Brüderlich entzweit. Die Beziehungen zwischen der DDR und der CSSR 1961-1968, München 2005, S. 291f.

Studentenprotesten in Wrocław und Gdansk (mit 20.000 Teilnehmern allein dort), wo auch junge Arbeiter mitwirkten. Im Zuge der gewaltsamen Beendigung durch die Gomułka-Moczar-Regierung kam es zu über 2.700 Festnahmen, fast 1.000 Strafverfahren, zahlreichen Exmatrikulationen sowie einer starken antijüdischen Stimmungsmache seitens der Kommunisten.

Das bewegte weniger die Arbeiter und Lehrlinge als vielmehr die Studenten und Intelligenzler in Thüringen. Zur TH Ilmenau schätzte die Stasi am 15. März ein, *„dass die Diskussionen ... erst im Anfangsstadium sind"*. Ein Student äußerte offen in einer Veranstaltung, dass die polnischen Studenten genauso *„vom herrschenden Regime zusammengeschlagen würden"* wie in Westdeutschland. In einem TH-Studentenheim in Manebach *„tobten"* die Studenten *„über das normale Maß hinaus ..., [wobei] gewisse Zusammenhänge mit den Ereignissen in Polen vermutet wurden"* und im Bus wurde gespitzelt, wie ein Ilmenauer Student zu seinen Kommilitonen sagte, *„dass es Zeit würde, auch bei uns einmal einen Streik durchzuführen"*.[26]

Ende März/April begann – teilweise über Westmedien, teilweise aus der antireformerischen SED-Politpropaganda – ersten interessierten Thüringern bewusst zu werden, dass sich Tschechen und Slowaken deutlich in Richtung eines reformerischen Systems bewegten. In der technischen Intelligenz Ilmenaus kamen Vermutungen auf, dass *„die Auseinandersetzungen zwischen den akademisch gebildeten jungen Parteifunktionären (Dubček) und den alten ‚Berufsrevolutionären' (Novotný)"* bald auch in der DDR zu erwarten seien, während hingegen solche Studentenunruhen wie in Polen *„an den Hochschulen in der DDR nicht zu erwarten sind"*.[27]

So mancher DDR-Intellektuelle war für Reformen – aber von der SED-Spitze her kommend und nicht durch politische Aktivitäten von unten, an den Hochschulen selbst oder gar auf eignes Karriererisiko. Es gab reformerische Mitläuferbereitschaft und vielleicht allerlei Hoffnung auf den demokratischen Sozialismus und das menschliche Antlitz, aber ein überwiegend größeres Bewusst-

---

[26] BStU, MfS, BV Suhl, AKG, 12, Bd. 1, Bl. 121, 126.
[27] BStU, MfS, BV Suhl, AKG, 12, Bd. 1, Bl. 147.

sein um die Gefahren politischen Aufbegehrens solange man selbst (noch) allein stand.

Die Quellenlage lässt es zwar nicht zu, Umfang und Relation der Befürworter und Ablehner des Prager Frühlings zu quantifizieren, aber deutliche Indizien für die Breite stalinistischer Unwilligkeit lassen sich erstens indirekt aus den Berichten herauslesen und zweitens aus dem Anwachsen der murrenden Stimmen und deren Hineinreichen auch in die systemnahen Kreise schlussfolgern.

Und bezüglich der letzteren fällt auf, dass in den von Woche zu Woche zahlreicher herumgemeldeten Stellungnahmen[28] immer lautere Klagen über die schlechte Presse- und Parteiinformation verlauteten. So fragte man in verschiedenen Orten: „*Warum wurde das Aktionsprogramm der KPČ nicht veröffentlicht?*" – „*Warum müssen bei uns alle Zeitungen immer einer Meinung sein? Wozu brauchen wir dann noch verschiedene Parteien und Zeitungen?*" – „*Warum werden wir immer so spät informiert? Vorher gibt es das Westfernsehen bekannt. Wir antworten nicht. Später geben wir dieselben Nachrichten. Das ist nicht in Ordnung.*"[29]

Und diese Frage der Informationsfreiheit betrifft ja letztlich genau Angelpunkt und Start der ČSSR-Reformpolitik Dubčeks, Diese hatte bis April im Grunde aus nichts anderem als dem Verzicht auf Pressezensur und Meinungsdiktat bestanden. Auch viele systemnahe Thüringer waren nicht bereit, die von der SED postulierten Meinungen mitzutragen, ohne sie selbst anhand ausreichend Sachinformation überprüfen oder hinterfragen zu dürfen.

Also wenn man genauer hinschaut: statt den reformkommunistischen Kurs und dessen Wirkung auf das neue politische Klima in der ČSSR zu begrüßen, wurde faktisch in allen Kreisen der DDR-Bevölkerung deren erster und substanziellster Reformschritt eingefordert – manchmal moderater, manchmal deutlicher, manchmal mit Naivität, manchmal mit Zorn und manchmal allerdings

---

[28] In den SED-Arbeitsgruppen „Parteiinformation" und den Auswertungs-/Informations-Gruppen der Stasi entstanden zahlreiche Einzelinformationen, die teilweise das Meinungsbild von Funktionären selbst widerspiegelten, teilweise die bekannten kritischen Äußerungen der Bevölkerung festhielten..

[29] BStU, MfS, BV Suhl, AKG, 12, Bd. 2, Bl. 73ff.

nur für bessere Anti-Dubček-Argumente. Viele Zeitgenossen waren sich der tatsächlichen politisch-demokratischen Sprengkraft, die sich im März/April in Prag entfaltet hatte, nur vage bewusst. Die meisten „offenen politischen Diskussionen" in Betrieben, an Arbeitsplätzen, in Parteigruppen liefen aber auch im 1968er Frühling so ab, wie hier für Zella-Mehlis festgehalten:

„In der Versammlung ... sprach der Genosse Funk ... Aufgrund dieser klaren und ausführlichen Darlegungen gab es im Anschluss an die Versammlung keinerlei Unklarheiten."[30]

Gespräche vor und nach solchen Versammlungen, im kleineren Kreis, in den Pausen hatten oft einen anderen Tenor. Hier diskutierte man in Kenntnis der quasi-verbotenen Sachinformationen aus den Westmedien und es wurde aktenkundig, dass die *„diskutierenden Personen ihre ‚Kenntnisse' über die Lage in der ČSSR vom ‚Westfunk' bezogen hatten".*[31] Für derartige Gespräche wurde der Abstand zu Funktionären vorgezogen – gab es doch jährlich im Thüringer Raum rund 300 Strafurteile wegen „Hetze".

Im Mai – vor und für Ulbrichts Moskau-Reise – entstand auf höchster Stasi-Ebene eine Gesamtanalyse, die auch die bisherige Meinungslage in Thüringen zum ČSSR-Reformkurs resümiert:

„Nach den bisherigen Feststellungen haben die Ereignisse in der ČSSR ihren stärksten Widerhall unter Studenten und den Lehrkörpern ..., unter Kulturschaffenden und Teilen der pädagogischen und medizinischen Intelligenz sowie unter Schülern. ... Werktätige ... erheben aber kaum Forderungen zur Übertragung dieser Entwicklung auf die DDR.

Demgegenüber kommen bei Teilen der Studenten und der Lehrkörper ... solche Tendenzen wieder zum Durchbruch, wie sie im Zusammenhang mit den Auseinandersetzungen um Havemann[32] *und vor dem 11. Plenum des ZK der SED*[33] *festzustellen waren. Diese Tendenzen erhielten durch die Ereignisse in der ČSSR erheblichen Auftrieb und kommen heute zum Ausdruck*

---

[30] BStU, MfS, BV Suhl, AKG, 12, Bd. 1, Bl. 137.
[31] Ebenda, Bl. 145.
[32] Am 9. April wurden in Westmedien auch Havemanns Sympathiebekundung und seine Forderung nach „Freiheit für Andersdenkende" veröffentlicht.
[33] Sogenanntes „Kahlschlag-Plenum" im Dezember 1965, auf dem die gewisse kulturelle Freizügigkeit der Vorjahre wieder deutlich beschränkt worden war.

- *in der vorbehaltlosen Befürwortung und Unterstützung des Auftretens und der Forderungen studentischer, künstlerischer und anderer Kreise in der ČSSR,*
- *in verstärkten Bemühungen um Kontakte zu diesen Kreisen in der ČSSR und der Ausnutzung der bestehenden Verbindungen zur Informationsbeschaffung,*
- *in Forderungen nach einer ‚Demokratisierung' und ‚Liberalisierung' des gesellschaftlichen Lebens und der Wirtschaft in der DDR nach tschechoslowakischem Vorbild bei gleichzeitiger Ablösung von leitenden Partei- und Staatsfunktionären,*
- *in Forderungen nach ‚absoluter Freiheit', nach ‚Presse- und Informationsfreiheit', nach ‚Reisefreiheit', nach ‚künstlerischer Freiheit', nach organisatorischer und ideologischer Unabhängigkeit von der Partei und solchen Massenorganisationen wie der FDJ.* [...]
Im Zusammenhang mit den aufgeführten Auffassungen von Studenten, Oberschülern und Jugendlichen müssen auch die vielen Schmierereien von Hetzlosungen auf Plakaten der Volksabstimmung über die neue Verfassung, die Verbreitung selbstgefertigter Hetzschriften, Plakatbeschädigungen und ähnliche Handlungen in Vorbereitung und Durchführung der Volksabstimmung gesehen werden – die in hohem Maße von Jugendlichen in diesem Alter begangen wurden – auch wenn ein direkter Zusammenhang mit den Ereignissen in der ČSSR nur in Einzelfällen zum Ausdruck kommt."[34]

Der jetzt von Staatsseite noch deutlich und besorgt wahrgenommene „Widerhall" an den Hochschulen sollte aber spätestens mit dem Truppeneinmarsch verschwinden. Dieser Personenkreis spielte dann kaum noch eine Rolle bei den bald aufkommenden Solidarisierungen und Protesten spielen. (vgl. Kapitel 4)

In Moskau einigten sich die fünf stalinistischen Partei-Chefs im Mai zunächst nur darauf, einen belehrenden antireformerischen Druck auf die ČSSR auszuüben.

Nach Ostberlin zurückgekehrt, gab Ulbricht erneut die Order zur propagandistischen Mobilisierung der DDR-Bevölkerung. In diesem Sinne wurde ab **9. Mai** in der SED-Presse behauptet, ameri-

---

[34] BStU, MfS, ZAIG, 5403, Bl. 146, 160.

kanische Journalisten und Panzer seien unter dem Vorwand von Filmaufnahmen auf tschechischem Gebiet.[35] So mancher Thüringer SED-Getreue reagierte darauf wie gewünscht – er glaubte es, definierte den Filmdreh als „unglaubwürdigen Vorwand", vollzog das Bedrohungsgefühl der DDR-Regierung nach und „ergriff Partei" gegen die ČSSR-Reformpolitik. So fragten sich am 10. Mai die Angestellten der Bezirks-Straßenverwaltung Meinungen wunschgemäß, *„warum die Anwesenheit von Bundeswehr mit Originalpanzern notwendig sei, wenn die Amerikaner einen Film drehen wollen. ... [und] Welche Rolle spielt Dubček? Ergeben sich daraus Aufgaben für uns? Werden wir zusehen, wenn in der ČSSR eine Konterrevolution entfaltet wird?"*[36] Solche Meldungen spiegeln typisches politisches Verhalten kollektiven, staatlichen Arbeitsplätzen wider, waren aber in der Breite nicht unbedingt repräsentativ für das politische Denken.

Am **21. Mai** resümierte der Suhler Stasi-Chef Richter nämlich, dass diese Panzer-Meldung „*in unserer Bevölkerung wenig bekannt ist*"[37], sich die Bürger statt dessen aber mehr Gedanken darüber machten, warum in Moskau ausgerechnet Rumänien und die ČSSR nicht anwesend waren und was die (über tschechische oder westliche Medien bekannten) polnisch-sowjetischen Truppenbewegungen in tschechoslowakischer Grenznähe bedeuteten.

Die Ilmenauer Studenten hörten „Radio Prag", das Hochschulpersonal las deutschsprachige Prager Zeitschriften und beide wünschten sich mehr Information über das KPČ-Aktionsprogramm, Interviews mit tschechischen Politikern, dieselbe Pressefreiheit und fragten: *„Wäre es nicht richtig, bestimmte Überlegungen der KPČ zu überprüfen und diese auch bei uns durchzusetzen? ... Warum müssen bei uns alle Zeitungen immer einer Meinung sein? ... Wäre es nicht besser, wenn wir auch eine Opposition hätten, die einmal ‚Nein' sagt?"*[38]

---

[35] Berliner Zeitung vom 9.5.1968; Tatsächlich wurde in der Nähe der Slawi-Talsperre, wo das gesamte Drehgebiet abgesperrt war, lediglich ein Film über die amerikanische Befreiung Böhmens im Jahre 1945 gedreht.
[36] BStU, MfS, BV Suhl, AKG, 12, Bd. 2, Bl. 68.
[37] Ebenda, Bl.72.
[38] Ebenda., Bl. 73-74.

Aus der Lageeinschätzung der Bezirksverwaltung Suhl, Mai 1968

„Es konnte weiter festgestellt werden, dass mit dem Begriff ‚Freiheit' jetzt großer Unfug getrieben wird und bei der großen Masse über diesen Begriff völlige Unklarheit herrscht. Die Freiheit wird verabsolutiert. (Jeder kann sagen, was er will.)
Bei der großen Mehrheit der Bevölkerung herrscht die Meinung vor, dass jetzt in der ČSSR die Freiheit und der wirkliche Aufbau des Sozialismus beginnt."

BStU, MfS, BV Suhl, AKG, 12, Bd. 2, Bl. 81.

Aussage eines 23-jährigen Gebstedters:

„1961/1962 war ich ein Jahr lang FDJ-Sekretär. Damals habe ich mich bemüht, eine interessante Jugendarbeit zu gestalten. ...
Ich habe schon in der letzten Zeit in den westdeutschen Nachrichten Berichte über die Vorgänge in der ČSSR gehört, die im Widerspruch zu den Meldungen in der DDR-Presse standen.
So hieß es im Deutschlandfunk, dass der Staatsratsvorsitzende der DDR in Bratislava angepfiffen worden sei, dass dort Demonstrationen stattgefunden hätten, in denen die tschechoslowakischen Bürger immer wieder ‚Dubček, Dubček' gerufen hatten und ähnliches.
Ich kam dadurch zu der Auffassung, dass die Entwicklung in der ČSSR in Ordnung sei und die Bürger der ČSSR damit zufrieden seien."

BStU, BV Erfurt, Personenakte, Bl. 40

Aussage eines 18-jährigen Weimarer Studienbewerbers

„In Diskussionen mit den anderen Schülern verhielt ich mich größtenteils passiv. Wenn ich dann doch zu Wort kam, versuchte ich die gesell. Verhältnisse, gemeinsam mit anderen politischen Problemen so darzulegen, wie ich es für richtig hielt. Einen großen Teil legte ich dabei positiv aus, denn auch meinem bisherigen Leben habe ich die Erfahrung gemacht, dass die Gesellschaft der DDR den richtigen Entwicklungsweg geht.

Allerdings gab es auch einige Dinge, die ich negierte, z.B. wenn in den Zeitungen von großen Produktionserfolgen die Rede war und im Gegensatz dazu die Meinung der Produktionsarbeiter und der Lehrlinge, die nicht gerade gut über ihre Arbeitsproduktivität sprachen.

Auch konnte ich mir nicht vorstellen, dass es über große politische Ereignisse, wie in den letzten Monaten in der CSSR, nichts konkretes zu sagen gibt und man nur allgemeine Artikel druckt. [...]

Ich sah zwar, dass diese Schulvorgesetzten versuchten mir die Probleme in positivem Stil zu beantworten, ich fand darin allerdings auch nicht die nötige Erklärung auf meine Fragen.

Da meine politische Meinung nicht durch ein vorbehaltloses Stellen hinter die Maßnahmen von Partei und Regierung gekennzeichnet war, lehnte ich auch ab, als ich angesprochen wurde, Kandidat der SED zu werden."

BStU, BV Erfurt, Personenakte, Bl. 40

2.3. Thüringen nach dem „Manifest der 2000 Worte"

Das „Manifest der 2000 Worte", das am **27. Juni** ČSSR-weit veröffentlicht wurde, steht für eine Zäsur im Prager Frühling.[39] Ludvík Vaculík und die namhaften Mitunterzeichner befürchteten ein Versanden der Reformpolitik, bekannten sich zu den Reformkommunisten, forderten die basisdemokratische Untersetzung des Gesellschaftsumbruchs und das breite Zurückdrängen der Reformgegner auf resolute, aber „anständige" Weise.

Der Ton zwischen Stalinisten und Reformkommunisten war Ende Juni heftig, denn die Delegiertenwahlen zum Parteitag waren Entscheidungen um den grundsätzlichen KPČ-Kurs. Dubček, Smrkovský, Šik und die anderen Reformer mussten zwischen Altkadern und Bevölkerung (und obendrein außenpolitisch) lavieren. Erst später wird deutlich, dass sich in jenen Tagen die Mehrheit der Parteibasis hinter die Reformer stellt und reformwillige Delegierte wählt.

Am **4. Juli** kam die erste Antwort des Ostblocks – der Moskauer Brief mit der Warnung vor „Konterrevolution" – und am **18. Juli** die zweite – der öffentliche Warschauer Brief der fünf späteren Okkupationsländer mit scharfer Reformkritik und der Forderung nach erneuter Pressezensur.

Vielerorts in Thüringen lehnten die Bürger hingegen nicht nur jede Einmischung in die ČSSR-Entwicklung ab, sondern waren auch der Meinung: *„Wenn wir nicht die sowjetischen Soldaten hier hätten, würde es bei uns genauso aussehen wie in der ČSSR."* oder: *„Wenn bei uns Walter Ulbricht nicht mehr ist, wird sich die Intelligenz genauso regen wie in der ČSSR."*[40]

Aus dem kleinsten, südlichsten und vergleichsweise unpolitischen Bezirk Suhl wurde *Anfang August* nach Berlin berichtet:

> *„In den Diskussionen der letzten Tage tritt die Tendenz stark in den Vordergrund, dass alle eingeleiteten Maßnahmen zur Stabilisierung der Lage in der ČSSR sowohl von Seiten der SU als auch der anderen soz. Staaten eine Einmischung in die Angelegenheiten der ČSSR wären. Solche Meinungen treten in fast allen Kreisen auf. [...]*

---

[39] Vgl. Veser, Reinhard, Der Prager Frühling 1968, Erfurt 2008², S. 88ff.
[40] BStU, MfS, BV Suhl, AKG, 12, Bd. 3, Bl. 4.

Auch in den letzten Tagen wurde wiederum die Feststellung getroffen, dass es auch bei Genossen unserer Partei hinsichtlich der Lage in der ČSSR noch viele Unklarheiten gibt ... [und] *von Reisekadern ... die Arbeitsmoral bei einem Teil sehr zu wünschen übrig lässt."*[41]

Lageberichte vom Juli und August machen deutlich, dass es auch unter systemnahen Kreisen eine zaghaft offenere Parteinahme für den ČSSR-Reformkurs gab. Aus der TH Ilmenau hieß es nun: „*in mehreren Instituten ...* [wird] *in Diskussionen einzelner Personen hervorgehoben, dass auch in der DDR ein Dubček notwendig sei*".[42] Die Rechentechnik-Parteigruppe verlangte sogar protokollarisch, in der DDR-Presse alles und unverfälscht über die ČSSR-Entwicklung bekanntzugeben. Für die Zaghaftigkeit wiederum spricht, wenn am selben Tage im Nachbarinstitut für Elektrowärme gesagt wurde, „*dass es unnütze Zeit wäre in den Versammlungen über die Situation in der ČSSR zu sprechen. Das hätte auf die Entwicklung in der DDR sowieso keinen Einfluss.*"[43]

Von politischem Handeln waren solche Äußerungen weit entfernt. Eher selten waren im Sommer solche Aktivitäten wie der Versuch eines Bürgers, den verantwortlichen Mitarbeitern der Schmalkalder Spielwaren-Verkaufsgenossenschaft das Einverständnis für die Einführung von mehr betrieblichen Selbstbestimmungsrechten nach dem Vorbild der KPČ-Wirtschaftsreformen und entsprechende Personalveränderungen.[44] Doch Informationen wie diese gelangten nur allzu schnell in die Hände der Staatssicherheit und führten sofort zu Ermittlungen. Anonyme Protestäußerungen waren noch erfindungsreicher. So wurden am 12. August die Postschnüffler der MfS-Abteilung M in Schmalkalden fündig und konnten durch Postklau verhindern, dass zwei Postkarten ans Ziel kamen.[45] Sie klauten Ulbricht die an ihn gerichtete Karte mit dem dichterischen Text:

---

[41] BStU, MfS, BV Suhl, AKG, 12, Bd. 3, Bl. 35f.
[42] BStU, MfS, BV Suhl, AKG, 12, Bd. 3, Bl. 27.
[43] BStU, MfS, BV Suhl, AKG, 12, Bd. 3, Bl. 18, 17.
[44] BStU, MfS, BV Suhl, AKG, 12, Bd. 3, Bl. 28.
[45] BStU, MfS, BV Suhl, AKG, 12, Bd. 3, Bl. 70.

"Werter Herr Altstalinist!
Oh, kurze Zeit des Lebens Zeit,
noch kürzer durch Parteilichkeit.
In Konfession und Politik,
Parteienhaß hat keinen Schick."

Und auch Dubčeks Postkarte landete nie in Prag:

"Lieber Herr Dubček!
Wir grüßen Sie und versichern, dass Ihre Politik des demokratischen Sozialismus unsere volle Zustimmung hat. Wir haben die Hoffnung, daß Ihre kluge Politik nicht nur in Ihrem Lande, sondern in ganz Europa wirksam wird.   Studenten der DDR"

Spätestens seit dem „Gemeinsamen Brief aus Warschau" mit offenen Warnungen gegen den KPČ-Reformkurs (14. Juli) spielte landesweit in den – von SED und Stasi eifrigst beobachteten – Gesprächen die Frage eines zweiten Ungarns[46] eine Rolle. Aus allen Gesellschaftskreisen schaute man im Juli eher hoffnungsvoll in Richtung Prag – aber angesichts des Warschauer Briefs, den ja die SED-Führung mitunterzeichnet hatte, auch schon mit mehr *„Befürchtungen... über eine evtl. militärische Lösung".*[47]

Wenn die tschechisch-slowakische Reformpolitik trotz Sommerurlaubszeit auf allen Ebenen der politischen Diskussion in Thüringen eine steigende Rolle spielte, so war dies auch verbunden mit der immer direkter gestellten Frage: Wie betrifft u n s denn das unmittelbar?

Zur Stunde, als die Prager das Manifest der 2000 Worte in ihren Morgenzeitungen lasen, saßen in der „Suhler Burg" die Stasi-Auswerter und schrieben zum Meinungsbild der eignen Seite:

„Die Entwicklung in der ČSSR habe einen Stand erreicht, der bereits eine akute Gefahr für den Sozialismus in der ČSSR darstelle, aber damit gleichzeitig nicht ohne Folge für das gesamte sozialis-

---

[46] Also einer sowjetischen Militär-Intervention gegen den Willen der Politiker und Bürger des Landes – ähnlich wie 1956 in Ungarn, wo die Sowjetarmee völkerrechtswidrig eindrang, in heftigen Straßenkämpfen den Bevölkerungswillen brach und eine kommunistische Marionettenregierung einsetzte.
[47] BStU, MfS, BV Suhl, AKG, 12, Bd. 3, Bl. 3.

tische Lager wäre. Es wäre erforderlich, dass die Warschauer Vertragsstaaten eingreifen. Das sozialistische Lager dürfe dem Treiben der Reaktion auf soz. Territorium nicht länger zusehen."[48]
SED-Getreue, die sich keinen DDR-Reformkurs vorstellen mochten, machten sich lieber Gedanken über die „Sicherheitslage" – wobei ihnen die öffentliche und parteiinterne SED-Propaganda genügend „Anregung" lieferte: Eine offenere ČSSR an den Grenzen des „Eisernen Vorhangs" galt als territoriale Aufweichung der Mächte-Block-Konstellation. Gegen alle „Konvergenztheorie" betonte die SED-Führung immer wieder die Gegensätzlichkeit der Systeme und die nötige Zerschlagung des imperialistischen Systems als „Historische Mission der Arbeiterklasse". Wer ein Weltbild hat, in dem jedes andere Wirtschafts- und Staatssystem zwangsläufig der Feind, Militarist und potentielle Kriegsgegner sein muss, ist empfänglich für „Kräfteverhältnisse" und Bedrohungsszenarien, egal wie absurd die Militarismus-Vorwürfe gegen die Kiesinger-Brandt-Regierung tatsächlich waren. Und wer dieses SED-Welt-Feind-Bild teilte, hatte in der Regel auch vielfältige Vorteile davon, die bei einer Fortsetzung der ČSSR-Demokratisierung langfristig durchaus in Frage standen.

Der Planungs-Chef im Rat des Kreises Ilmenau z.B. konnte das lange Stillhalten und offizielle brüderliche Umarmen nicht verstehen.[49] Und so wurde auch der Ton stalinistischer Provinzkommunisten lauter. Hier spielte sich im „Funktionärsstaat" also nicht nur Sympathiebildung und Reformhoffnung, sondern auch ein politischer Prozess ab, der dafür sorgte, dass die bevorstehende ČSSR-Okkupation Befürworter fand und die stalinistischen Funktionäre auch in Betrieben und „in der Provinz" immer wieder in die macht-propagandistische Offensive gehen konnten.

Im Wesentlichen unterschied sich wohl das politische Mitgliederspektrum der SED nur relativ von dem der KPČ: es gab Stalinisten, Reforminteressierte und Anpasser, zuallererst aber den Blick zur Parteispitze und auf deren „Direktiven".[50]

---

[48] BStU, MfS, BV Suhl, AKG, 12, Bd. 3, Bl. 1.
[49] BStU, MfS, BV Suhl, AKG, 12, Bd. 3, Bl. 37.
[50] Unterschiedlich waren sicher die Zahlenverhältnisse und vor allem die Tatsache, dass Ulbricht von Anbeginn in der Hierarchie systematisch jede Flü-

Wie man mitunter zu Anti-Dubček-Stellungnahmen zu gelangen pflegte, zeigt ein Beispiel aus dem Kreiskrankenhaus Hildburghausen[51]: Der Chefarzt verfasste **Mitte August** eine Resolution gegen die „Konterrevolution" in der ČSSR. Nur vier Ärzte erklärten sich zur Unterschrift bereit, während die Oberärztin und alle jungen Ärzte ablehnten. Am nächsten Tag kam der oberste SED-Kreis-Chef zur extra anberaumten Versammlung ins Krankenhaus, so dass „*im Verlaufe der Diskussion große Fehler der KPČ herausgestellt*" werden konnten. Die Oberärztin gab ihr Verweigerung nicht auf, die Jungärzte aber unterschrieben angesichts der schlagenden Argumente und mit Murren über die schlechte DDR-Presse schließlich doch und reihten sich so in die Reihe derer, die die „Konterrevolution" in der ČSSR heftig verurteilten.

- - - - -

Der Truppeneinmarsch in der Nacht zum **21. August** kam für Dubček und das KPČ-Sekretariat überraschend, aber auch erwartet. Die Tschechen und Slowaken hatten sie seit längerem befürchtet. Das war Mitte Mai auch den Suhler Stasi-Offizieren bekannt, als sie einen Bericht von Thüringer Prag-Touristen in den Händen hielten. Eine tschechische Dolmetscherin hatte letzteren nämlich ganz offen gesagt, „*dass es an der DDR liegt, wenn sowjetische Soldaten in Prag sind und es nicht zu demokratischen Verhältnissen in der ČSSR kommen sollte. Aufgrund der vertraglichen Bindungen zwischen der DDR und der ČSSR würde es die DDR im Rahmen des Warschauer Vertrages von der SU verlangen, dass in der ČSSR wieder straffere Verhältnisse hergestellt werden.*"[52] Unrecht hatte sie damit nicht, auch wenn Breshnews sicherheitspolitische Intoleranz doch ebenfalls eine größere Rolle spielte als von ihr angenommen.

---

gelbildung im Keim erstickt hatte und keine Voraussetzung für eine „Reform von oben" analog dem tschechisch-slowakischen Beispiel bestand.
[51] BStU, MfS, BV Suhl, AKG, 12, Bd. 3, Bl. 68f.
[52] BStU, MfS, BV Suhl, AKG, 12, Bd. 2, Bl. 76.

Aussage eines Vaters (=Gewerkschaftsfunktionär eines Betriebes) zum 17-jährigen Sohn:

„Hierzu möchte ich ausführen, dass unser Sohn im Juni 1968 eine Zwei-Tage-Reise in die ČSSR nach Prag durchführte. Nachdem er wieder zurückgekommen war, schilderte er uns seine Eindrücke über die Jugend der ČSSR.
Er brachte uns gegenüber sinngemäß zum Ausdruck, dass die Jugend der ČSSR viel mehr Freiheit hätte und insbesondere der westlichen Lebensauffassung angegliedert ist.
Insbesondere stellte er hier heraus, dass die Jugend ohne Vorwürfe und Einschränkungen der Beat-Einstellung mit Bildung von Beat-Clubs, Karl-May-Filmen u.a. ideologisch beeinflussenden Faktoren nachgehen kann."

BStU, BV Gera, Personenakte, Bl. 169

Aussage eines 17-jährigen Jenaer EOS-Schülers:

„Meiner Ansicht nach sind an den bestehenden Spannungen in Deutschland die Regierungen beider Staaten schuld.
Die Bereitwilligkeit zur Annäherung wird in jedem Falle beiderseits von politischen Forderungen abhängig gemacht, die jeden Schritt in dieser Richtung von vornherein unmöglich werden lassen."

BStU, BV Gera, Personenakte, Bl. 37

2.4. Staatssicherheit vor dem 21. August

Wie schnell sich die Staatssicherheit auf neue politische Situationen einrichten konnte, wurde im **März** deutlich. Nur zwei Tage, nachdem der DDR-Botschafter Florin aus Prag „*offen konterrevolutionäre Züge*" vermeldete, erhielten die Stasi-Bezirkschefs Weikert (Erfurt), Sobeck (Gera) und Richter (Suhl) persönlich den Befehl: erstens zur intensivierten Beobachtung aller DDR-ČSSR-Beziehungen und zweitens zum Dichtmachen vor jedwedem Schriftmaterial aus der ČSSR.[53] Wie fleißig das umgesetzt wurde, zeigte sich alsbald in den Informationsberichten der „Auswertungs- und Kontrollgruppen". Auch in die IM-Akten wanderten erste IM-Berichte über ČSSR-Reisen und Meinungsäußerungen aus allen Thüringer Regionen (vgl. Kap. 4.5.)

Nach Beendigung der Aktion „Optimismus" (zur Verfassungs-Unterschriftensammlung) im **April** gingen die Stasi-Einheiten fast nahtlos zur Frage der „Konterrevolution" in der ČSSR über. Zum Schutze des eignen Personals verbot Mielke seinem gesamten Mitarbeiterstamm jetzt bereits private ČSSR-Besuchsreisen.[54]

Im Mai entstand auf höchster Staatssicherheitsebene eine „Auskunft" über die politische Lage zwischen Bonner Ostpolitik, ČSSR-Entwicklung und „Aufweichungs- und Zersetzungstätigkeit" in der DDR.[55]

Die Geraer Staatssicherheit war im Mai 1968 längst mit der ČSSR-Frage befasst. Bezirkschef Sobeck definierte die neue „*feindliche Propaganda*" und befahl am 28. Mai die Orientierung des Spitzelnetzes darauf.[56] Im selben Monat unterzeichnete der Suhler Stasichef Richter folgende Einschätzung:

> „*Es konnte weiter festgestellt werden, dass mit dem Begriff ‚Freiheit' jetzt großer Unfug getrieben wird und bei der großen Masse über diesen Begriff völlige Unklarheit herrscht. Die Freiheit wird verabsolutiert. (Jeder kann sagen, was er will.)*

---

[53] BStU, MfS, ZAIG, 4717, Bl. 24ff.
[54] BStU, MfS, ZAIG, 101306, Bl. 1.
[55] BStU, MfS, ZAIG, 5403, Bl 1ff. Siehe dazu auch Kapitel 2.2., S. 43.
[56] BStU, MfS, BV Gera, AIG, ZMA, 1252, Bl. 1.

Bei der großen Mehrheit der Bevölkerung herrscht die Meinung vor, dass jetzt in der ČSSR die Freiheit und der wirkliche Aufbau des Sozialismus beginnt."[57]

Dass die DDR-Staatssicherheit eine ganz eigene Vorstellung über „Freiheit" hatte und diese seltsamerweise implizierte, dass man eben nicht sagen könne, was man will, hatte sie schon vor 1968 hinlänglich unter Beweis gestellt. In den Tagen des 17. Juni 1953 – also genau 15 Jahre zuvor – hatten Thüringer Stasi-Offiziere über 400 Bürger festgenommen und über 100 als „Hetzer" verurteilen lassen. Vor 1968 waren es jedes Jahr etwa 200-300 weitere Thüringer, die wegen freier Meinungsäußerung zu politischen Gefangenen gemacht worden waren.

Während sich auch tschechische Polizisten und Stasi-Offiziere hinter den KPČ-Reformkurs stellten, wie Suhler Stasi-Offiziere im Sommer in Budevice aus erster Hand erfuhren[58], wirkten Thüringer Polizei und Staatssicherheit nicht nur als „Schild und Schwert" Ulbrichts, sondern betätigten sich auch als dessen eiserner Arm und Knastschließer.

Als am **11. Juni** ein neues Polizeigesetz in Kraft trat, erlangten alle Stasi-Stellen erstmals gesetzliche Befugnisse, die denen einer Polizei entsprachen – da die Staatssicherheit derartige und andere Befugnisse auch unlegitimiert zu beanspruchen pflegte, war dies jedoch mehr ein formaler Akt.

Thüringer Stasi-Spitzenoffiziere nahmen auch an den Dienstkonferenzen am **24. Mai und 12. Juni,** auf denen Mielke die ČSSR-Frage auch auf die Tagesordnung gesetzt hatte. Wirklich Neues erfuhren sie dort laut Protokollen nicht. Hauptargumente waren und blieben die vermeintliche *„Einmischung der imperialistischen Kreise ... [unter] massiven Einwirken von außen, besonders in der Aufweichungs- und Zersetzungstätigkeit"* und demgegenüber die selbstverständliche *„brüderliche Hilfe"* im Sinne des *„sozialistischen Internationalismus".*

Mitte Juni herrschte in den Stasi-Stellen sowieso erhöhte Dienstbereitschaft und besonders intensive Bevölkerungsbeobachtung –

---

[57] BStU, MfS, BV Suhl, AKG, 12, Bd. 2, Bl. 81.
[58] BStU, MfS, BV Suhl, AKG, 12, Bd. 3, Bl. 20,31.

nach 15 Jahren warf der 17. Juni noch immer seine Schatten auf die Verteidiger der SED-Herrschaft. Bereits am **12. Juni** erfolgte – nicht nur für die Stasi-Mannen im Bezirk Gera[59] – ein entsprechender Befehl – mit entsprechend gesteigertem Augenmerk auf alle politischen Unbotmäßigkeiten.

Die Verfolgung und Bestrafung offener Befürworter des Prager Frühlings begann in Thüringen nicht erst mit der ČSSR-Okkupation. Auch im Sommer kam es immer wieder zu Ermittlungsverfahren und Inhaftierungen.

Als Suhler Arbeiter im Lichte des Prager Frühlings im Juli auch für sich *„bessere Arbeits- und Lebensbedingungen und mehr Lohn"* forderten und das offen aushängten, trat die Kriminalpolizei prompt in Aktion.[60] Um am 25. Juli wurden seitens der Stasi *„entsprechende Maßnahmen eingeleitet"* gegen einen Sonneberger Wirt, der in seiner Gaststätte öffentlich gesagt hatte: *„Gestern hat bei mir das Parteigremium getagt. Wahrscheinlich bekommen die Lumpen langsam Angst, dass es bei uns wird wie in der ČSSR. Es wird Zeit, dass sich die Bevölkerung nicht mehr alles bieten lässt und die Schweinereien mit der LPG usw. eines Tages aufhören. Der Druck, der auf uns lastet, muss eines Tages verschwinden."*[61] Ein anderer Bürger aus Südthüringen unternahm verschiedene Versuche zur Einführung von mehr betrieblichen Selbstbestimmungsrechten (nach KPČ-Vorbild) und schlug Absetzungen inkompetenter Funktionäre vor – alles anonym, aber die Schmalkalder Stasi-Kreis-Offiziere befassten sich Anfang August ausführlich damit.[62] Welche Straffolgen das für die genannten Bürger hatte, ist leider nicht bekannt.

Ende **Juli**, im Vorfeld der sowjetisch-tschechoslowakischen Gespräche in Cierna, stellten sich militärische Strukturen der DDR auf einen Militäreinsatz gegen die ČSSR ein. (Vgl. Kapitel 1)

Am **27. Juli** erhielten die beteiligten Geraer Stasi-Führungskräfte Kenntnis über die von Ulbricht angeordneten Truppenverlegun-

---

[59] BStU, MfS, BV Gera, KD Gera, 3012 (n), Bl. 22.
[60] BStU, MfS, BV Suhl, AKG, 12, Bd. 3, Bl. 18.
[61] BStU, MfS, BV Suhl, AKG, 12, Bd. 3, Bl. 7.
[62] BStU, MfS, BV Suhl, AKG, 12, Bd. 3, Bl. 28.

gen der NVA in Richtung tschechische Grenze. Der Jena Kreis-Chef machte sich folgende persönliche Notiz:

„Division unter kriegsmäßigen Bedingungen nichts [an] Öffentlichkeit – Manöver"[63]

Am **2. August** erhielten die Leiter aller Stasi-Dienststellen aus der Geraer Bezirksverwaltung eine Melde-Anweisung. Darin

„... wird nochmals auf die wichtigsten Fragen orientiert, die bei der Berichterstattung zu beachten sind:
Welche Probleme werden diskutiert?
Welche Personenkreise treten dabei in Erscheinung?
Wo werden die genannten Diskussionen geführt – welche Personen sind zugegen und wie reagieren diese?
Was ist über die angefallenen Personen bereits bekannt?
Wurden die berichteten Fakten überprüft und sind sie glaubwürdig und auswertbar für die Parteiinformationen. [...]
Meinungen zu den Truppenbewegungen im Bezirk und damit im Zusammenhang stehende Probleme sind auch über das Wochenende zu berichten."[64]

Fünf Tage vor der Okkupation, am **15. August**, hielt Stasi-Minister Mielke vor der MfS-Parteileitung eine „streng geheime" Rede mit der üblichen Brachialpolemik.[65] Zur Erklärung des noch zurückgehaltenen Eingreifens sagte er: *„Es war eine ernste und zugespitzte Lage entstanden, die – das müssen wir ganz klar sehen – nicht etwa durch eine Art Handstreich bereinigt werden konnte."[66]* Damit bestätigt er im Grunde, dass die SED-Führung (zu dessen engeren Zirkel Mielke ja gehörte) sich völlig darüber im Klaren war, dass die KPČ-Reformkommunisten eine Mehrheit in ihrem Lande hatten und es in der ČSSR keine Kräfte gab, die mittels eines von außen gestützten nächtlichen Coups die Macht wieder an sich reißen konnten.[67] Mielke machte in dieser Ge-

---

[63] BStU, MfS, BV Gera, KD Gera, 3012 (n), Bl. 39.
[64] BStU, MfS, BV Gera, KD Gera, 3012 (n), Bl. 17.
[65] BStU, MfS, BdL, 5373, Bl. 3ff.
[66] BStU, MfS, BdL, 5373, Bl. 7.
[67] Und das politische Geschehen in Moskau und in Prag nach dem Truppeneinmarsch zeigte dann ja schließlich, dass man trotz der erfolgreichen Militärinvasion weder an Dubček noch an Svoboda/Smrkovský vorbeikam und zunächst nur die echten KPČ-Reformer (wie Šik) ausbooten konnte.

heimrede deutlich: „*Wir werden aber nicht teilnahmslos, passiv dabeistehen und den Beobachter spielen und uns nur auf die Abgabe kluger Ratschläge beschränken.*"[68] Er betonte mehrfach, dass eine schnellste Umsetzung der „beschlossenen" Kurskorrekturen in Prag folgen müsse – also Verbot von Klubs und Organisationen, Hetze-Bekämpfung, Kaderwechsel sowie „*die Wiederherstellung der vollen Arbeitsfähigkeit der tschechoslowakischen Staatssicherheitsorgane*". Es gehe laut Mielke darum, „*von der günstigen Ausgangsposition nach Bratislava ausgehend, den Feind noch wirksamer zu bekämpfen.*" Vorbereitet waren er und seine Leute längst – schon Ende Juli[69] hatte er erhöhte Einsatzbereitschaft und massives Urlaubsverbot befohlen.

Wenn die militärische Besetzung durch die fünf Nachbarländer noch in den August fiel, hing das eindeutig zusammen mit dem für September geplanten KPČ-Parteitag, von dem die Osteuropa-Stalinisten eher eine Zementierung des Reformkurses befürchteten. Auch Mielkes Worte bestätigten das indirekt, wenn er fünf Tage vor der Okkupation sagte: „*Vom Verlauf des Parteitages hängt sehr viel ab ... Der Parteitag muss zu einer Niederlage der konterrevolutionären und revisionistischen Kräfte werden.*" Und weiter bekräftigt, „*dass eine Konterrevolution in einem sozialistischen Land mit allen Mitteln bekämpft wird. Der vielstrapazierte Begriff der Nichteinmischung darf uns nicht zu Illusionen verleiten, dass erforderlichenfalls nicht auch ernstere Maßnahmen wirksam werden.*"[70]

Und am Wirksamwerden dieser „Maßnahmen" waren Ulbricht und Mielke dann beteiligt.

Die militärische Mitwirkung der SED-DDR-Staatsführung an der gemeinsamen Militär-Intervention reichte in den Juli, die politische sogar in den März zurück.

---

[68] BStU, MfS, BdL, 5373, Bl. 18.
[69] Das geschah etwa gleichzeitig zum Spitzen-Treffen zwischen SU und ČSSR im slowakischen Čierná (einem sowjetisch-slowakischen Grenzort), bei dem es um ein Aufgeben der „Konterrevolution" gehen sollte und das mit geheimen formellen Agreements von Dubček gegenüber den Sowjets endete.
[70] BStU, MfS, BdL, 5373, Bl. 15f., 29. (Unterstreichung im Original)

In der Nacht vom 20. zum 21. August marschierten sowjetische Truppen in die ČSSR ein.

Truppenteile der Sowjetarmee kamen über den Prager Flughafen direkt in die Hauptstadt Prag. Sie besetzten in Windeseile das Partei-Präsidium, in dem Dubček und andere KPČ-Führer noch bei einer abendlichen Sitzung zusammensaßen.

Die Okkupanten wählten diesen Zeitpunkt zum einen, weil die Dubček-Führung nicht auf die Reformpolitik verzichten wollte, und zum anderen, weil der kurz bevorstehende KPČ-Parteitag den Reformkurs demokratisch endgültig legitimieren und stabilisieren würde.

Ganztägige Information in den DDR-Medien – 21. August 1968

„*TASS ist bevollmächtigt zu erklären, dass sich Persönlichkeiten der Partei und des Staates der Tschechoslowakischen Republik an die Sowjetunion und die anderen verbündeten Staaten mit der Bitte gewandt haben, dem tschechoslowakischen Brudervolk dringend Hilfe, einschließlich der Hilfe durch bewaffnete Kräfte, zu gewähren. ... Die Sowjetregierung und die Regierungen der verbündeten Länder ... entschlossen sich ... der erwähnten Bitte zu entsprechen. ... Niemals und niemandem wird es gestattet sein, auch nur ein Glied aus der Gemeinschaft der sozialistischen Länder herauszubrechen.*"

TASS = Offizielle Nachrichtenagentur der SU,
(Auszug entn. aus: Wenzke, Die NVA und der Prager Frühling)

Fotos: von jungen Weimarer Prag-Besuchern,
beschlagnahmt durch Staatssicherheit und im Strafprozess verwendet

Horst Franke (Laborleiter, VVB Techn. Keramik, 32, Hermsdorf) berichtete als GI „Felsen" der Stasi – er war IM und Augenzeuge in Prag

Am 21. August mittags „konnte ich vom Fenster die Situation vor dem Verteidigungsministerium sehen. Es hatte sich dort eine große Menschenmenge angesammelt und gleichzeitig sah ich, dass eine Art Demonstrationszug bestehend aus Fahrzeugen, Kraftwagen, Jeeps, Fahrrädern, Motorrädern mit tschechischen Nationalfahnen an dem Ministerium vorbeizog. Sie riefen Freiheit für Swoboda, Freiheit für Dubček. Es lebe der Sozialismus, es lebe der Kommunismus. In diesem ganzen Zug befanden sich nur tschechische Nationalfahnen. Ich habe keine einzige Fahne der Arbeiterklasse, keine rote Fahne gesehen und ich bin also runter gegangen und habe mich zu den Passanten gestellt, um zu sehen, was war.

Ich stellte dabei fest, dass dieser gesamte Zug aus Jugendlichen bestand, ich möchte sagen so im Alter bis maximal 25 Jahre, die da randalierten. Aus dem Verteidigungsministerium sahen Offiziere heraus und klatschten diesen Demonstrationszug Beifall. Die sowjetischen Truppen, die direkt daneben standen, mischten sich absolut nicht ein. Sie nahmen keine Plakate weg oder unterbrachen den Zug nicht, verhielten sich sehr diszipliniert und ruhig und nach 20 Minuten hatte sich dieser Auflauf, wie ich das bezeichnen möchte, wieder verlaufen.

Ich ging zurück in das Kongressgebäude und nahm weiter an den Vorträgen teil. Nach ca. einer Stunde hörte ich dann einige Salven, die aus automatischen Waffen zu kommen schienen. Es rannte alles aus den Hörsälen an die Fenster. Ich sah dort hier eine große schwarze Rauchwolke aufsteigen mitten in der Stadt. Ich wusste also nicht woher sie kam. ... Wie mir am anderen Tag berichtet wurde, wie das im Informationsbüro bekannt wurde, haben randalierende Jugendliche dort sowjetische Panzer in Brand gesteckt, indem sie die Öltanks aufschlugen und den Treibstoff in Brand setzten, Autos anzündeten, PKW's, einen Großbrand hervorzurufen. Die sowjetischen Panzer haben die brennenden Wracks niedergewalzt, um einen Brand zu verhindern und als dann die Infanterie eintraf, um den Platz abzuriegeln, wurde vom Nationalmuseum aus das Feuer auf die sowjetischen Truppen eröffnet, woraufhin diese ein Gegenfeuer eröffneten, das war diese Schießerei, die 2 bis 3 Minuten gedauert hat. Ich möchte betonen, ich war also nicht Augenzeuge, da ich ja selbst nicht am Wenzelsplatz wohnte. Soweit mir berichtet wurde, wurden vier Panzer in Brand gesteckt. Ich kann mich aber für diese Zahl nicht verbürgen.

Das schlimme, was ich dann sah, was mich sehr negativ beeindruckte, war, dass also im nu unmittelbar nach diesen ganzen Dingen Fahrzeuge durch die Stadt rasten, die mit Jugendlichen besetzt waren. Jeeps, Lastkraftwagen, die Flugblätter verteilten mit antisowjetischen Losungen, dass überall antisowjetische Losungen aufgeschmiert wurden z.B. Nieder mit der KPdSU oder SSSR gleich SS, Kommunisten sind alle Faschisten und derartige Dinge mehr, die man hier alle gar nicht beschreiben kann.[...]

Ich selbst bin in Prag in keiner Weise behindert worden in meiner persönlichen Freiheit und Bewegungsfreiheit. [...]

[Professor der Karls-Universität] ... sagte mir, ja also wir haben die verbündeten Truppen nicht ins Land gerufen. Da habe ich gesagt, ich kann mir das nicht vorstellen, nachdem ich das alles hier so sehe und ich glaube nicht, dass die Warschauer Vertragsstaaten ohne eine Aufforderung wenigstens eines Teils ihrer Regierung und des Zentralkomitees hier her gekommen sind."

BStU, MfS, BV Gera, GI „Felsen, Reg. Nr. Suhl XI 122/ 67, ab 7.7.67 (nicht archiviert), Teil II, Band 1, Bl. 48f.

Socialismu

SOVĚTSKÉ UMĚNÍ DVACÁTÝCH LET
Svoboda Suverenita Demokracie
Socialismus!

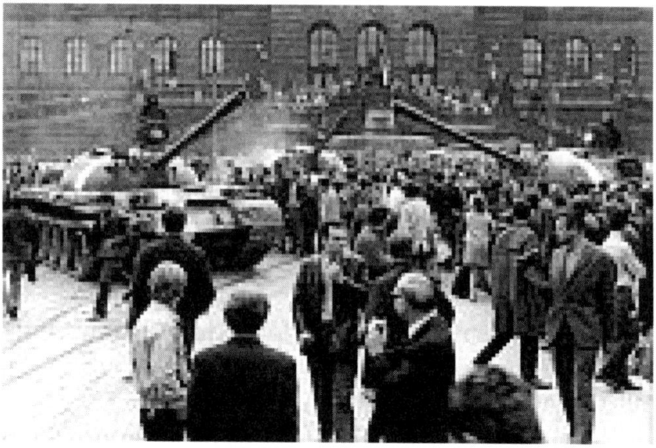

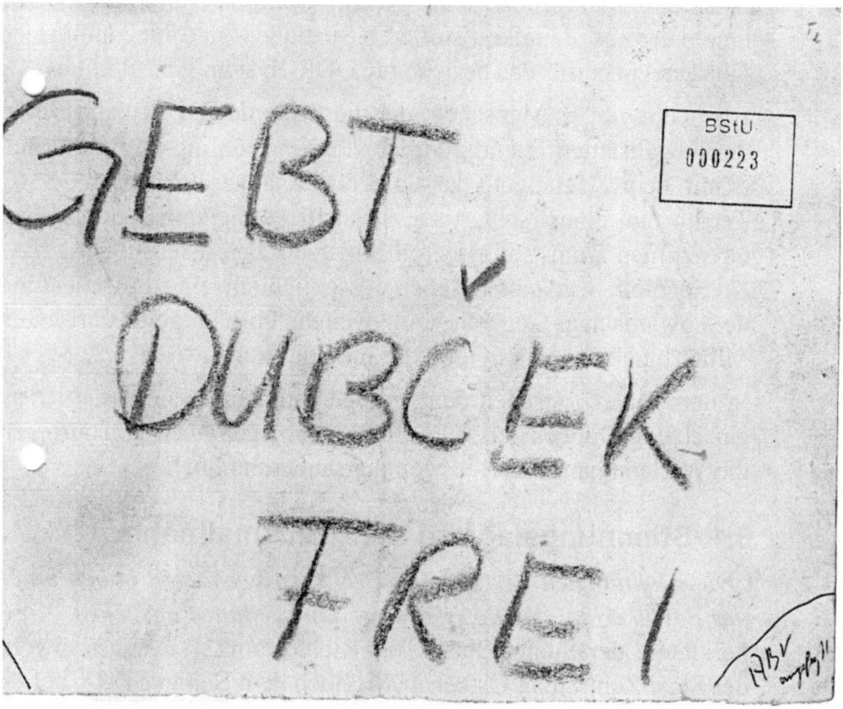
BStU
000223
GEBT
DUBČEK
FREI

3. Der Truppeneinmarsch im Meinungsspiegel der Thüringer

In den SED-Medien war nur die Rede von „*Maßnahmen der Warschauer Vertragsstaaten*" – das sollte verschleiern, was für „Maßnahmen" es denn nun wirklich waren. Die an der *Okkupation* – wie es die Tschechen und Slowaken nannten – beteiligte Ulbricht-Staatsführung muss sich bewusst gewesen sein, dass sie gegen den Willen weiter Teile ihrer Bevölkerung handelte. Doch schein es eher, dass solche Volksmeinungen für die SED-Spitzen-Stalinisten nicht Hemmnis, sondern vielmehr Grund für das Niederringen benachbarter Demokratisierungsprozesse war. Ulbrichts Machtriege und die von ihr abhängige höhere Funktionärsschaft hatte ganz sicher Recht, wenn sie befürchtete, dass eine dauerhaft demokratisierte ČSSR außen- und innenpolitische Konsequenzen für das bestehende DDR-System gehabt hätte.

Bis heute gibt es Menschen, die die Rolle der DDR und SED an der gewaltsamen Beendigung des Prager Frühlings verharmlosen – mit dem Argument, dass die NVA ja gar nicht auf ČSSR-Territorium einmarschiert sei. Das trifft zu, jedenfalls für an den Grenzlinien zum sofortigen Einmarsch bereitstehenden NVA-Kompanien, war erstens aber ausschließlich eine Entscheidung der sowjetischen Generäle und zweitens eine Frage der brisanten Militärblockkonstellation an der innerdeutschen Grenze.

In den Tagen zwischen dem Truppeneinmarsch und der Wiedereinsetzung Dubčeks als KPČ-Führer schlagen auch in Thüringen die Wellen unangepasster Meinungsäußerung hoch.

3.1. Stimmungslage zu den „Hilfsmaßnahmen"

„Die Maßnahmen der Warschauer Vertragsstaaten haben unter der Bevölkerung des Bezirkes rege Diskussionen ausgelöst."[71] So berichtete der Suhler Stasi-Chef Richter am 21. August sowohl der Stasi-Zentrale in Ostberlin wie auch dem Suhler SED-Chef.

---

[71] BStU, MfS, BV Suhl, AKG, 12, Bd. 3, Bl. 74.

Und in Gera schrieb eine 34-jährige Arbeiterin einen persönlichen Brief, den die Stasi dann heimlich und illegal abfing:

"Bei uns herrscht überall eine nervenzerreißende Stimmung, dass wir uns allseitig westlich informieren müssen ist wohl selbstverständlich, da man ja unseren Falschmeldungen und Hetzereien keinen Glauben schenken kann. Seit vergangener Nacht sind bei uns wahrscheinlich Jugendliche am Werk, man macht überall Hakenkreuze hin und klebt selbstgefertigte Plakate und Aufschriften wie ‚Russen endlich raus', oder ‚freie Entscheidung für die ČSSR'. Mit den Hakenkreuzen will man dokumentieren, dass das heutige Regime auch nicht besser als Hitler ist."[72]

Aus Jena berichtete der IM „Romain" am 21. August:

„Gesamtsituation: allgemeine Bestürzung und Empörung unter dem Aspekt des Schreckens und entschwundener Hoffnungen"[73]

Und aus Römhild wusste die Stasi durch ihre dortigen IM's:

„Inoffiziell wurde weiter bekannt, dass der überwiegende teil der Einwohner der Stadt Römhild verstärkt die westlichen Rundfunk- und Fernsehsendungen empfangen. Man diskutiert ausgiebig negativ über die ČSSR-Ereignisse, wie z.B.
- Die NVA hätte in der ČSSR nichts zu suchen.
• Die Maßnahmen stellen einen militärischen Eingriff dar.
- Es sei ein Verbrechen am friedliebenden Volk der ČSSR."[74]

Am Morgen nach dem nächtlichen ČSSR-Einmarsch hatte die SED auf die Schnelle fast überall Partei- und Betriebsversammlungen organisiert, um ihre Mitglieder auf Linie zu bringen und Zustimmungsäußerungen zum Weitermelden einzusammeln. Für die systemnahen Zweifler gab es moderate Friedens-Argumente, wie dieses: der schnelle Einmarsch verhindere doch immerhin das Blutvergießen, das es 1956 in Ungarn[75] gegeben hatte. Doch immer wieder haben „*diese Kurzversammlungen ihren Zweck*

---

[72] BStU, MfS, BV Gera, Operativmaterial AUV 763/68, Bl. 19.
[73] BStU, MfS, BV Gera, Personenakte (anonymisiert), Bl. 52..
[74] BStU, MfS, BV Suhl, KD Meiningen, 1086, Bl. 109.
[75] Die Zahl der Todesopfer in Ungarn 1956 ist bis heute ungeklärt, wird aber auf über 1000 geschätzt. Die SED-Agitatoren vergaßen in der Hitze der Propaganda allerdings das Wichtigste: Auch in Ungarn hatte niemand die sowjetischen Truppen gewollt.

nicht erfüllt" – zum Beispiel durch das Stellen „*unklarer Fragen*" oder das Verweigern einer „*Stellungnahme*".[76] Beleg für die gesellschaftsbreite Ablehnung gibt ein Verwaltungsangestellter des Hartmetallwerks Immelborn, wenn er am 25. August sagte, „*dass er im ganzen Betrieb niemanden gefunden hätte, der sich mit dem Einmarsch der Truppen solidarisch erkläre.*" Auch von einer Wohnungs-Baustelle am Suhler Schwarzwasserweg verlautete, „*dass es in der Brigade keinen Arbeiter gibt, der die Maßnahmen der 5 Warschauer Vertragsstaaten billigt*". Unter den Bauern sah es wohl vielerorts so aus, wie hier am 26. August: „*Aus Milz, Kreis Meiningen, gibt es Hinweise, dass etwa 90% der Mitglieder der LPG Typ III das militärische Einschreiten der fünf Armeen nicht für richtig halten.*"[77]

Sogar in Funktionärsgefilden gab es keine zustimmende Einhelligkeit. Bei der Transportpolizei hieß es: „*Dieser Schritt war nicht notwendig*", im Suhler Postamt schaltete ein Ingenieur unerlaubt den Betriebsfunk mit der dauernd wiederholten TASS-Meldung aus und unter Suhler Kulturfunktionären herrschten Bedenken angesichts der ständig wiederholten TASS-Meldung, weil sie den Bürgern geradezu die Westmedien aufzwinge.[78]

Ein Todesfall in Thüringen

Ein Angestellter aus dem Zeiss-Außenbetrieb Informationstechnik Gera hat den Truppeneinmarsch in die ČSSR offen kritisiert. Das führte zu einer Aussprache der Betriebsfunktionäre mit ihm und zu seiner fristlosen Kündigung sowie eventuell auch zur Androhung einer Stasi-Verhaftung. Der Mann stürzte sich daraufhin aus dem Fenster in den Tod.[79] – Solche Schicksale sind in der Regel nicht in Stasi-Unterlagen verzeichnet, sondern in diesem Falle nur zufällig aktenkundig, nachdem die Staatssicherheit den Brief einer Kollegin abgefangen und der Stasi-Offizier Bräuner (Linie XVIII/Wirtschaft) diesen „Fenstersturz" bestätigt hatte.

---

[76] BStU, MfS, BV Suhl, AKG, 12, Bd. 3, Bl. 80.
[77] BStU, MfS, BV Suhl, AKG, 12, Bd. 3, Bl. 172, 174, 207.
[78] BStU, MfS, BV Suhl, AKG, 12, Bd. 3, Bl. ?????
[79] BStU, MfS, BV Gera, AU 763/68 (Operativmaterial), Bl. 19ff.

Erinnerung eines Lehrlings an den 21. August

„Im Laufe des Tages traten diesbezüglich weiter Diskussionen unter den Arbeitern auf der Baustelle auf. Ich bildete mir nun aus den einzelnen Diskussionen meine Meinung. Ich sage offen aus, dass ich den Standpunkt vertrat und heute noch vertrete, dass es eine Schweinerei ist, dass die Russen in der ČSSR einmarschiert sind. Ich bin weiterhin der Auffassung, das die Russen die anderen Armeen, die in die ČSSR mit einmarschiert sind, ebenfalls mit angestiftet und gezwungen haben, mitzumarschieren. ...

[Während der Mittagspause im Bauwagen hörten alle Radio.] Aus dem Inhalt der Nachrichten konnte ich entnehmen, dass ein westlicher Sender eingestellt war. So z.B. wurde durch den Nachrichtensprecher gesagt, dass Ulbricht immer sagen würde, Bonn würde einen Krieg vorbereiten und anzetteln. Dabei ist das nun das zweitemal, dass die Deutschen in der ČSSR einmarschiert sind. Aus dieser Meldung auch resultierte dann meine zweite Reaktion, dass ich gegen die Maßnahmen des Warschauer Paktes gegenüber der ČSSR war. Auch andere Arbeitskollegen waren dagegen. Ich kann zwar keine Namen benennen, jedoch habe ich unter den Lehrlingen meiner Brigade zum Feierabend, als wir uns umzogen, vernommen, dass sie ebenfalls nicht damit einverstanden waren. Meine negative Meinung hierzu habe ich nicht nur aus den Nachrichten mir gebildet, sondern weil ich allgemein keine positive Meinung zur DDR habe. Eine nur negative Meinung habe ich aber auch wieder nicht, denn alles ist nicht schlecht bei uns. Ich schlängele mich zwischen positiv und negativ so durch und wähle den Zwischenweg."

BStU, BV Erfurt, Personenakte, Bl. 184f.

36-jähriger Arbeiter über den 21. August:

„Am 21.8.1968 begab ich mich frühmorgens an meine Arbeitsstelle, einen Teilbetrieb des Leuna-Werkes in Niedersachswerfen.

Gegen 6.00 Uhr traf ich dort meinen Arbeitskollegen, der mich fragte, ob ich schon wüsste, was los wäre.

Als ich verneinte, teilte er mir mit, dass die genannten Armeen in die ČSSR einmarschiert sind.

In der Folgezeit entwickelte sich zwischen mehreren Arbeitskollegen eine Diskussion, bei der es darum ging, ob dieser Einmarsch gerechtfertigt wäre."

BStU, BV Erfurt, Personenakte, Bl. 29

Einschätzung einer 12. Klasse der Erweiterten Oberschule in Jena durch ihren Klassenlehrer

„Versuch einer Einteilung: „Anführer" [...1 Name], Nörgler [... 2], Mitläufer [... 12], Organisatoren im guten Sinne [... 8], Außenseiter [... 3].

Nur bei einigen Schülern gibt es Ansätze, die erkennen lassen, dass sie bewusst unseren soz. Staat in ihrer Arbeit unterstützen. Eine FDJ-Arbeit wird von ihnen aus aber so gut wie nicht durchgeführt. Die meisten Schüler sind nur in die FDJ eingetreten, weil es sich so gehört (Schüleraussagen!) [...]

Viele Schüler zeigen im allgemeinen Aufgeschlossenheit für politische Probleme, viele bemühen sich ehrlich um das Verständnis ges. Fragen und um die Klärung aktueller politischer Ereignisse. Aber es sind nur wenige Jungen, die einen bewussten Standpunkt vertreten.

So wurden bei Diskussionen in Informationsstunden und FDJ-Versammlungen Meinungen vertreten, die Parteilichkeit zu unserem Staat vermissen lassen. Zum Beispiel, man müsse die Stellung eines Kosmopoliten einnehmen, der aus dem Weltall kommend unsere Erde betrachtet, die beiden Weltlager gut studiert und nun abwägt, welches besser sei. Oder: Die Soz. Oktoberrevolution sei doch ein sowjetischer Feiertag. Weshalb wird er dann in der DDR so groß gefeiert? Oder: Die DDR müsse einen Pflock zurückstecken, um mit der westdeutschen Regierung verhandeln zu können. Das sind Meinungen einzelner Schüler, hinter denen aber das Elternhaus und Einflüsse westdeutscher Sender stehen; denn in unserer Schule wird ihnen der Sachverhalt vom Standpunkt der Arbeiterklasse vermittelt.

Die Ereignisse in der ČSSR wurden auch in der Klasse diskutiert. Hierbei traten folgende Fragen und Probleme auf:

- Wie konnte es zum Ausbruch der Konterrevolution kommen?
- Welche Rolle spielt A. Dubček?
- Der Einmarsch der Warschauer-Pakt-Staaten sei vorbereitet gewesen; denn die Entwicklung in der ČSSR wurde vorher mit Besorgnis beobachtet.
- Die DDR-Presse habe spät und nicht genügend informiert. Viele Bürger sehen bzw. hören daher Westsender.
- Wie wird es in der ČSSR weitergehen?

[...] Kein einziger Schüler nahmen offen Stellung für die durchgeführten Maßnahmen der Vertragspartner."

BStU, BV Gera, Personenakte, Bl. 43ff.

Vom Stasi-IM „Romain" wahrgenommene Stimmung im Jenaer Kirchenbüro am 21. August:

> „Einzelmeinungen: Der Westen hat Recht, wenn er vor den Russen warnt. Die Russen sind die wahren Aggressoren, sie haben von Hitler gelernt, wie man es macht, ein friedliches Land zu überfallen. Ulbricht, das Schwein, muss immer an erster Stelle stehen, wenn es gilt andere zu unterdrücken.
> Der Vergleich mit 1939 wurde immer wieder gebracht: was bei den Vätern verurteilt wurde, das müssen die Söhne jetzt wieder tun. Dem Westen wird Recht gegeben, wenn behauptet wird, dass es eine nationale Schande sei, dass wiederum deutsche Truppen ein friedliches Land überfallen.
> Im Ganzen war keinerlei Regung eines Verständnisses für das Vorgehen der SU und ihrer Bruderländer zu spüren.
> Der größte Teil ist allerdings ruhig und denkt sich nur seinen Teil: jetzt haben die Wände Ohren! Wir wollen uns nicht gefährden! Da ist man am besten ruhig und sagt nichts dazu. Wir können doch nichts ändern.
> Was wird aus den Rentnerreisen nach dem Westen? Werden sich nun die Fronten nach dem Westen noch mehr verhärten?
> Wer jetzt im Westen ist, der sollte wirklich drüben bleiben und wer noch reisen kann, der sollte nicht zurückkommen, das ist besser, was haben wir hier schon zu verlieren!
> Es wurde den ganzen Tag lang der Nachrichtendienst des Deutschlandfunks verfolgt. Dabei verstärkte sich der Hass gegen die Aggressoren, wurde aber immer weniger laut.
> Im ganzen ist die Stimmung äußerst negativ."
>
> BStU, MfS Gera, Personenakte, Bl. 52

3.2. Meinungen, Argumente und Kritikformen

In der DDR äußerte man Meinungen nicht so, wie heute üblich: Die SED ließ über Medien und Betriebe, Schulen und Wohngebiete weltanschauliche Rahmenvorgaben für das „Richtige" verbreiten. „Demokratische Mitbestimmung" für Arbeiter, Schüler und Angestellte sah so aus, dass sie i n n e r h a l b dieser Vorgaben Standpunkte, Engagement, Motivation, Ideen äußern konnten und sollten.

Als Rahmenvorgabe galt auch das Nichtwahrnehmen westlicher Medien, selbst betreffs der reinen Faktennachrichten. Es galt der Grundsatz: Fakten, die nicht den SED-Medien entstammten, waren potentiell „klassengegnerisch" und damit „staatsfeindlich".

Andere Äußerungen im öffentlichen Raum wurden kritisch geprüft, ob und wie sie gegen die Rahmenvorgaben verstießen. Dafür gab es Kleinfunktionäre in allen Bereichen, die selbst unter Druck gerieten, wenn sie in ihrem Verantwortungsbereich solche „Verstöße" gegen Rahmenvorgaben nicht ahndeten oder weitermeldeten. Gegen wiederholte und massenwirksame Weltanschauungsverstöße diente ein Sanktionssystem (mit Strafen wie Ächtung, Berufsverbot, Beschränkungen, Haft), das zugleich Abschreckungsfunktion für andere hatte.

Diese Situation war nicht zufällig, sondern Folge von Herrschaftsanspruch und beanspruchter Deutungshoheit der SED-Führung, die mit dem „Marxismus-Leninismus" selbst einer Ideologie folgte, die extreme Systemgegensätze (Kapitalismus-Sozialismus bzw. Militarismus-Friedenssozialismus), Machtansprüche („Historische Mission", SED-Identität mit Arbeiter-Interessen), Ignoranz (Undenkbarkeit innerer Widersprüche) und darauf angepasste Denkbegriffe (völlig eigenartige Freiheit, Demokratie) in sich vereinigte.

All das führte nicht dazu, dass die Mehrheit der Menschen die weltanschaulichen SED-Vorgaben verinnerlichten. Aber es führte dazu, dass jede Meinungsäußerung entgegen der „Vorgaben" eine Entscheidung zur Strafbereitschaft war, die nicht jeder bewusst treffen wollte. Dies führte dazu, dass Kritik auch spitzfindig und indirekt geäußert, von den Systemträgern aber verstanden wurde.

Bedenkt man dies, so zeigt das Meinungsbild nach dem ČSSR-Truppeneinmarsch eine durchaus massive – deutlicher oder vorsichtiger geäußerte – Ablehnung und Infragestellung der SED-Vorgabe „Begrüßung der Maßnahmen".

Kritik-Argumente in allen Bevölkerungskreisen

Massivste Hauptargumente gegen den Truppeneinmarsch waren:

1. Einmischung verstößt gegen Souveränität und Völkerrecht

Die Suhler Stasi brachte das erste Hauptargument am 22.8. auf den Punkt: „Den Kern aller negativen Diskussionen bildet die Meinung, dass der Einmarsch von Truppen sozialistischer Staaten eine Einmischung in die inneren Angelegenheiten der ČSSR ist und gegen die Souveränität und das Völkerrecht verstößt."[80]

Das auf breitester Ebene geäußerte Argument reichte bis in Kernbereiche der SED-Propagandisten, wie das Ilmenauer Institut für Marxismus-Leninismus, hinein. Es ist das originär völkerrechtliche Argument, gegen das 1. die SED-Konterrevolutions-Propaganda wenig überzeugen konnte und das 2. von der SED-Spitze für die eigne DDR-Souveränität selbst ständig verwendet wurde.

Am 23./24. August – dem Höhepunkt der *„negativen Diskussionen"* und Proteste – fielen überall im Volke die Worte: „Verletzung der Souveränität der ČSSR", „Annexion", „Okkupation", „Aggression", „Intervention" oder „Einmischung und Vergewaltigung".

2. Der Einmarsch ist vergleichbar mit der NS-Besetzung 1938

Ein ebenso breit geäußertes, deutliches Ablehnungs-Argument, das von den SED-Meinungsmachern kaum entkräftet werden konnte, war der Vergleich mit der NS-deutschen Besetzung der Tschechoslowakei von 1938. Das Argument wurde auch von Bürgern mit geringer Geschichtskenntnis aufgegriffen – dass es meist aus den westlichen Medien aufgegriffen wurde, war nicht so offensichtlich. Inhaltlich kam es immerhin einer Gleichsetzung der „antifaschistischen" SED-Führung und Ulbrichts mit Hitler gleich und zeigt, dass in allen Regionen zwar das Wissen um die Breite der Ablehnung, aber auch die Bereitschaft zu massiver SED- und Ulbrichtkritik herrschte.

---

[80] BStU, MfS, BV Suhl, AKG, 12, Bd. 3, Bl. 108, 110.

3. Die mangelnde und falsche SED-Berichterstattung als solche

Erst am 27. August berichteten die DDR-Medien, dass sich Dubček in Moskau aufhalte. Er war bereits sechs Tage dort und die Thüringer hatten das inzwischen auch längst erfahren – aus den Westnachrichten. Eine Heldburgerin sagte dazu nur: *„Bei uns werde nicht alles gesagt und nicht wahrheitsgetreu informiert. Man sollte doch nun endlich merken, wem man glauben könne."*[81]
Es war nur einer von zahllosen Kritik-Anlässen und die Aussage nur eine von zahllosen Kritik-Äußerungen. Die DDR-Medienberichte strotzten auch in den Tagen der Okkupation nur so von Verschweigen, Verzerren, Lügen und Hetze.

Von der „anderen Seite" – im Westfernsehen, im Radio Prag, von den bundesdeutschen, österreichischen oder luxemburgischen Radiosendern – konnte jeder, der es wollte, die Straßen Prags und die Panzer in Filmberichten sehen, die originalen Rufe und Kommentare der Tschechen hören, aus der Nachrichtenvielfalt heraus die Glaubwürdigkeit im Einzelnen prüfen.

Und die Quellen der Information jenseits der SED-Staatsmedien war noch breiter – es gab Augenzeugen des Prager Frühlings, des Truppeneinmarschs und persönliche Beziehungen. Am 26.8. registrierte die Staatssicherheit diesbezüglich zum Beispiel:

„Bereits jetzt, nach der Rückkehr weniger Bürger unseres Bezirkes aus der ČSSR, ist zu erkennen, dass sie über ihre Wahrnehmungen und Erlebnisse berichten, was negative Auswirkungen auf andere Personen hat, insbesondere weil es sich um Tatsachenberichte handelt."[82]

Die Kritik an der SED-Informationspolitik wurde in den Tagen der Okkupation intensiver und heftiger als sonst, war aber keineswegs originär damit verbunden.

Eine Brisanz hatte diese Kritikform dennoch, denn sie stellte zum einen mit dem Truppeneinmarsch zugleich die Glaubwürdigkeit und die Argumentationsweise der SED-Spitze substanziell in Frage und betraf zum anderen letztlich auch genau den Kern und

---

[81] BStU, MfS, BV Suhl, AKG, 12, Bd. 4, Bl. 32.
[82] BStU, MfS, BV Suhl, AKG, 12, Bd. 3, Bl. 195.

Angelpunkt der gesamten ČSSR-Reformpolitik. Denn der Truppeneinmarsch fand ja gerade deshalb statt, weil die KPČ-Spitze im Laufe des August n i c h t die von Moskau geforderte Pressezensur und Meinungsdiktatur wieder eingeführt hatte.

Wie SED und DDR-Sicherheitsorgane mit der tschechoslowakischen Meinungsfreiheit haderten, wird in einer später verfassten Stasi-Analyse, in dem dort von „*einseitiger Fehlerdiskussion*", von „*Journalisteninvasion*" und der Pressefreiheit als „Privileg und Machtmonopol einer kleinen Gruppe antisozialistischer Intellektueller" die Rede ist, nochmals ganz deutlich.[83] „Fehlerdiskussion" kannten die Machtkommunisten noch aus der Zeit von Chrustschow nach Stalins Tode und verabscheuten sie ganz im Sinne der Manier: Macht, die beurteilt werden darf, ist weniger Macht.

Argumentationsnöte waren für SED-Funktionäre schon vor dem 21. August Berufsalltag – trotz herrschender Pressezensur. Noch stärker wurden sie nach dem 27. August. Während in den DDR-Medien noch eine brutale Hetze gegen Dubček lief, wurde in Prag bekannt, dass Moskau eine Rückkehr Dubčeks an die Machtspitze dulden würde. Auf solche „Feinheiten" waren die Schwarz-Weiß-Agitatoren der SED überhaupt nicht eingerichtet.

4. Das „Hilfeersuchen" wird angezweifelt

Diese seit 21. August allerorts geäußerten Zweifel bezogen sich direkt auf die TASS-Meldung (s.S. 58). Als ab 22. 8. deutlich wurde, dass keine neue-alte stalinistische KPČ-Führung in Prag eingesetzt war, wurden die Zweifel noch deutlicher und ergänzt durch die Forderung, „*dass seitens der DDR die Persönlichkeiten namentlich benannt werden, die den Einzug der Bruderarmeen in der ČSSR fordern*"[84]. Als bekannt war, dass die KPČ-Führung in Moskau weilt, fragte man auch: „*Warum dauern die Verhandlungen in Moskau so lange und warum hört man davon nichts?*"[85]

---

[83] BStU, MfS, ZAIG, 4725, Bl. 14.
[84] BStU, MfS, BV Suhl, AKG, 12, Bd. 3, Bl. 84.
[85] BStU, MfS, BV Suhl, KD Meiningen, 1086, Bl. 1195.

Andere Argumente

Am 24. August waren es Jugendliche, die sagten, dass das Eingreifen der NVA schließlich der DDR-Verfassung widerspreche, die im selben Frühjahr erst neu beschlossen worden war.[86] Wasunger Sägewerker waren über das neue Kriegsgebaren erbost und haben gesagt: „Wir reden vom Frieden wie Hitler und machen das gleiche." oder „'Nie wieder ein Gewehr in die Hand' hätte man früher gesagt, aber der deutsche Michel wäre überall dabei." oder „Wir hätten genauso wie die in WD ehemalige Nazigeneräle u.a. wieder in der Armee und Regierung."[87] Bauern des Meininger Gebiets trugen sich mit Streikgedanken. Unter Ingenieuren und am Stadttheater Meiningen wurde gesagt: „*Diese Maßnahmen schädigen das Ansehen der sozialistischen Länder und das kommunistische Weltsystem. [...] Panzer sind schlechte Argumente und können wenig vom Sozialismus überzeugen.*"[88]

Schweigsamkeit und Abwarten

Häufig ist in den Meinungsanalysen jener Tage die Rede von einer „*abwartenden Haltung*". Tatsächlich bevorzugte es selbst in diesen Tagen ein Großteil der „abwartenden" Menschen, ihre kritische Haltung nicht offen auszusprechen. Wenn Funktionären die Motive der Abwartenden und Meinungsverweigerer hinterfragten, tauchte oft das Argument auf, dass eine Stellungnahme ja eine „Einmischung" in die Angelegenheiten der ČSSR sei.

Gerüchte und Kriegsängste

Gerüchte waren geradezu ein DDR-Charakteristikum und zwangsläufige Folge des SED-Informationspolitikmonopols. Neben den Hoffnungen auf eine Einmischung der UNO und der westlichen Welt, war wiederholt auch von einer Provozierung eines 3. Weltkriegs die Rede. Nicht wirklich problematisch schienen den Sicherheitsoffizieren die Kriegsängste in manchen Dörfern, unter Frauen und bei Angehörigen von NVA-Soldaten zu sein.

---

[86] BStU, MfS, BV Suhl, AKG, 12, Bd. 3, Bl. 137.
[87] BStU, MfS, BV Suhl, KD Meiningen, 1086, Bl. 113.
[88] BStU, MfS, BV Suhl, KD Meiningen, 1086, Bl. 111, 105.

Aussage eines 16-jährigen Weimarers:

„Ich las zwar auf der Arbeitsstelle im ‚Neuen Deutschland' und zu Hause in der Landeszeitung darüber, aber ich glaubte diesen Angaben nicht. Ich hatte mich überwiegend westlich orientiert und die brachten das ganz anders. Wenn man nun beide Angaben addiert und durch 2 geteilt hat, dann kam etwas ganz anderes heraus, nämlich dass der Überfall auf die ČSSR ungerechtfertigt ist und diese Meinung habe ich vertreten und vertrete sie heute noch."

BStU, BV Erfurt, Personenakte, Bl. 194

Stasi-Einschätzung über die jugendliche Meinungslage im Kreis Meiningen

„Unter Kreisen der Jugend ist die Diskussion stark verbreitet, dass unsere Sender nicht die Wahrheit über die Lage in der ČSSR berichten, nur die Westsender würden die Wahrheit bringen.

Des weiteren bringen eine Reihe von Jugendlichen ihre Sympathie für Dubček zum Ausdruck.

Ihrer Meinung nach sei Dubček auch für den Sozialismus, jedoch für einen Sozialismus in ‚Freiheit'."

BStU, MfS, BV Suhl, KD Meiningen, 1086, Bl. 113

Zur Meinungslage einiger Gesellschaftsschichten

Jugendliche

Jugendliche befassten sich tendenziell und vergleichsweise stark mit den Nachrichten über die Niederschlagung des Prager Frühlings. Für sie hatte der Arbeiter- und Volksaufstand vom 17. Juni 1953 keine Bedeutung haben können. Anstelle von Erfahrung mit SED-Machtkampf und repressiver Disziplinierung, die die 50er Jahre prägten, besaßen sie dagegen generell eher Kenntnis über Staatsideologie und SED-Argumentationen und teilweise Erfahrung mit politischen Widersprüchlichkeiten im Lichte ihrer Lebenspläne und im Lichte der Meinungen ihrer erwachsenen Umfelds. (Für DDR-Jugendliche galt letztlich: Lebensplanungen mit höherer Bildung und Karriere kamen ohne weitgehende politische SED-Loyalität nicht aus. Die politisch-kritische Relation zwischen junger Arbeiter- und Studentenschaft war demzufolge auch völlig anders als in der westlichen Welt.)

Zwar informierten sich die politisch interessierten Jugendlichen stark über die westlichen Nachrichten und übernahmen auch die dort ausgesprochenen menschenrechtlichen Argumente – teilweise auch vermittelt über die erwachsenen Kollegen an ihren Ausbildungsstellen. Aber sie argumentierten – soweit DDR-Quellen überhaupt Authentisches wiedergeben – immer auch relativ eigenständig auf der Ebene sachlicher Widersprüche der propagierten sozialistischen Lebenszukunft der SED mit deren Verhalten gegenüber dem ČSSR-Sozialismusmodell. Im Wesentlichen war ihre Meinungslage dabei nicht auf Machtumsturz und auch nicht auf eine ihnen im Grunde fremde marktwirtschaftlich-kapitalistische Welt fixiert, sondern auf Respektierung und Nachahmung des tschechischen Reformweges, der ja ein Weg „von oben" war.

Andere jugendliche Gruppen stellten sich – ebenfalls überaus politisiert – völlig auf die Seite der SED-Führung, vollzogen die Verunsicherungsargumente nach und betrachteten die jugendlichen Einmarsch-Kritiker durchaus als politische Gegner, die es zu erziehen oder mit zu disziplinieren galt.

Betriebe, Arbeiter, Angestellte

Die Arbeiter und Angestellten der Staatsbetriebe hatten sich in der geteilten Welt und der DDR-Lebenswelt überwiegend eingerichtet und sich über Jahre hin ihre Meinungen über politische Möglichkeiten und Grenzen, über Gefahren oppositionellen Einzelhandelns gebildet. Teilweise präsent war noch der 17. Juni, allgemein präsent hingegen war die „Erfahrung des Mauerbaus".

Ihre Arbeitsleistung wurde politisch stark mit den „Erfolgen des Aufbaus des Sozialismus" verquickt, was durchaus auch stetige politische Bindung schuf, allerdings eine Bindung, die nicht wirklich Einbindung umfasste. Die Erfolge kamen kaum zu den Leistungsträgern zurück, was immer wieder von Kleinfunktionären mit Ideologie und Scheinargumenten begründet und mit Zukunftsversprechen entkräftet wurde.

Dauerhaft auf breiter Bevölkerungsebene schwelend waren deshalb vor allem drei politische Missstände: erstens das SED-Informationsmonopol mit wiederholt offenkundigen Lügen und Verheimlichungen, zweitens die ständigen, generalisierenden SED-Feindparolen mit ihrer zementierenden Wirkung auf die deutsche Teilung sowie drittens Reiseverbot und wirtschaftlich-kulturelle Abschottung auf allen Ebenen.

Je offenkundiger es trotz aller SED-Maulkörbe wurde, dass die tschechischen Reformen einer Abschaffung der gleichen Missstände in der ČSSR bedeuteten, desto mehr Sympathie entwickelte sich auch hierzulande. Hinzu kam, dass sich in der westdeutschen Politik (darunter im Bundesministerium für gesamtdeutsche Fragen) und den Medien (darunter Tagesschau, Deutschlandradio) eine falsche Einschätzung über mögliche Reformperspektiven im gesamten Ostblock ausbreitete. Diese Hoffnung gelangte über die Medien zeitweise auch zu den DDR-Werktätigen, so dass das rigorose anti-tschechoslowakische SED-Vorgehen auch hier zu erneut enttäuschten Hoffnungen führte.

Die DDR-Beteiligung an der Okkupation war sofort interpretierbar als die Botschaft der SED-Führung, mit aller Macht an Informationsmonopol, General-Feindbild und Abschottung festzuhalten zu wollen. Und je offenkundiger diese Botschaft wurde, desto deutlicher auch das Drohpotential für öffentlich geäußerte „falsche Meinungen" und desto offensiver agierten auch vor Ort die Ideologen von Partei und Gewerkschaft wieder.

Spätestens zwei Wochen nach der Okkupation war der „demokratische Sozialismus" kein breit diskutiertes Thema mehr. Dazu hatte auch die Politik des „Teile und herrsche" der SED beigetragen: denn mittels einer Unterschriftenkampagne sollten die offenkundigen Okkupationskritiker namhaft und einzeln bestrafbar gemacht werden. Das führte dazu, dass ein größerer Teil kritisch eingestellter Angestellter sich mit einer Unterschrift quasi selbst desavouierte, weil sie dazu dann doch nicht bereit waren.

Auch hier ist natürlich zu sagen, dass im Querschnitt der Belegschaften von staatlichen Betrieben und Einrichtungen überall auch offene und eindeutige Befürworter der Okkupation vorhanden waren – beide Gruppen lassen sich mit wissenschaftlicher Methodik quantitativ nicht bemessen.

<u>Hochschulbereich</u>

Die Thüringer Studenten waren im August noch in ihren Semesterferien, manche liefen direkt durch die Straßen Prags.

Laut rückblickender Stasi-Analyse für das 2. Halbjahr zeigte sich an den DDR-Hochschulen, dass der Prager Frühling und dessen Niederschlagung die Diskussionen beherrschte, die *„Probleme der sozialistischen Hochschulreform"* verdrängte und dass *„die politisch-ideologische Diversion des Gegners unter einem Teil des Lehrkörpers und der Studenten Auswirkungen hat."*[89] Wissenschaftler der Universität Jena, von denen negative Diskussionen (zum Volksentscheid, zur SED-Politik und zur ČSSR) bekannt waren und zu denen die Stasi „Operativ-Material" führte, waren die Direktoren des Haeckel-Hauses und des Zoologischen Instituts, zwei Professoren der Stomatologie, die Professoren für spezielle Zoologie, der Sternwarte, für Staats/Rechtsgeschichte sowie zwei Doktoren der Zoologie bzw. der Pharmazie.[90] Der Direktor des Instituts für Pathologische Physiologie trat offen

---

[89] BStU, MfS, HA XX, AKG, 804, Bl. 81.
[90] BStU, MfS, HA XX, AKG, 804, Bl. 126f.

„*für ‚Liberalisierung' in der ČSSR ein* [und] *begrüßt diese Entwicklung*" und ein Assistent vom Anatomischen Institut „*verherrlicht die liberale Entwicklung in der ČSSR, bezeichnet dieses als Schrittmacherdienste der Tschechen für die Entwicklung in der DDR* [und] *spekuliert auf den Zerfall des sozialistischen Lagers.*"

<u>Kirchen</u>

Hieß es auf der „Suhler Burg" am 22. August noch: „*Innerhalb der evangelischen und katholischen Kirche zeigen sich nur vereinzelte Reaktionen*"[91], so war zwei Tage später aber auch der Staatssicherheit klar, dass die Pfarrer die Okkupation „*fast ausschließlich*" ablehnten und deshalb z.B. auch eine Suhler CDU-Bezirkskonferenz boykottierten. Am 27. August – dem Höhepunkt der Proteste – wurde gleicherorts eingeschätzt: „*Obwohl die übergroße Mehrheit der Geistlichen die Anwesenheit der Truppen der Warschauer Vertragsstaaten in der ČSSR ablehnt, wurde bis jetzt noch keine direkte öffentliche Verurteilung dieser Maßnahmen bekannt. Einige Pfarrer nehmen in versteckter Form zu den Ereignissen in der ČSSR Stellung.*"[92]

Spitzel wurden in die Gottesdienste und Kirchenbüros (s. Seite 70) geschickt, doch im Grunde waren die politische Haltung und die Friedensargumentation klar und im SED-Staat bekannt. Als Dach oder Bestandteil von Protesten (s. Kapitel 4) spielte die evangelische Kirche 1968 noch eine weniger gewichtige Rolle als in den 80er Jahren

<u>Funktionäre und Staatsdiener</u>

Am Tag nach dem Bekanntwerden des ČSSR-Einmarschs, dem 22. August, analysierte die Stasi in Suhl: „*Unter den Personen, die negativ diskutieren, befinden sich eine Anzahl Genossen unserer Partei bzw. Funktionäre.*"[93] Am 27. August wurde zum Beispiel „*labiles Verhalten*" mehrerer Transportpolizisten aus

---

[91] BStU, MfS, BV Suhl, AKG, 12, Bd. 3, Bl. 109, 145.
[92] BStU, MfS, BV Suhl, AKG, 12, Bd. 4, Bl. 12.
[93] BStU, MfS, BV Suhl, AKG, 12, Bd. 3, Bl. 85.

Bad Salzungen, unter denen u.a. auch die „2000 Worte" kursierten, gemeldet.[94]

Das alles besagt freilich nicht, dass systemnahe SED-Mitglieder eine große Rolle unter den Kritikern der ČSSR-Besetzung spielten. Aber wenn politische Kritik auch in Teile des Herrschaftsapparates hineinreichte, so ist dies immerhin ein wesentliches Indiz für die Breite und Intensität dieser Kritik. Und die Ablehnung der Okkupation mit DDR-Beteiligung reichte in jenen Tagen eindeutig in alle Gesellschaftsschichten hinein.

Ausnahmen blieben auch offene Verweigerungen von Funktionären, an der SED-Propaganda und der „Klärung von Vorkommnissen" politischer Kritik mitzuwirken, wie ein Springstiller Orts-Parteisekretär oder auch ein Pappenheimer Betriebs-Parteisekretär, der sagte: *„Ich mache das nicht, ich habe schon genug Feinde"*. Beide Fälle wurden aktenkundig – vielleicht eben auch deshalb, weil sie Ausnahmen waren.[95]

Unermüdlich tätig waren dennoch auch während der Tage direkt nach der militärischen ČSSR-Besetzung die Agitatoren und Stalinisten auf allen Ebenen, auch wenn ihre „Reihen geschwächt" waren durch diejenigen, denen die bereitgestellten Propagandafloskeln nicht ausreichten und die selbst nach besseren Informationen riefen. Als aber eine Zella-Mehliser Ärztin am 23. August sagte, *„dass die Maßnahmen eine Schweinerei wären und die des Faschismus noch überträfen"*, führte der getreue Kreisarzt mit ihr prompt *„eine Auseinandersetzung ..., in deren Ergebnis sie angeblich die Unrichtigkeit ihrer Auffassung einsah"*.[96] Im Römhilder Betrieb ELIOG schätzte ein Stasi-Spitzel ein, *„dass die progressiven Kräfte im Betrieb zu schwach sind, um den negativen Diskussionen Herr zu werden."*[97]

---

[94] Zum „Manifest der 2000 Worte" s. S. 47. BStU, MfS, BV Suhl, AKG, 12, Bd. 4, Bl. 14.
[95] BStU, MfS, BV Suhl, AKG, 12, Bd. 3, Bl. 148.
[96] BStU, MfS, BV Suhl, AKG, 12, Bd. 3, Bl. 143.
[97] BStU, MfS, BV Suhl, KD Meiningen, 1986, Bl. 109.

Aussage eines 16-jährigen Weimarers:

„Ich höre mir die Sendungen des Senders Freies Europa, Deutschland Funk, Soldatensender, Luxenburg, Rias Berlin und des Saarländischen Rundfunks an. [...] Seit der Sache in der ČSSR jedoch habe ich mir von diesen Sendern auch die Nachrichten angehört. Die Musik höre ich, weil ich dafür Interesse habe und die Nachrichten habe ich eben gehört, um mir eine Meinung bilden zu können. Ich habe mir auch Nachrichten zu der ČSSR von uns angehört und kann nicht sagen, wer nun tatsächlich die Wahrheit gesagt hat. Ich habe mich eben so gehalten, dass ich von jedem Sender etwas angenommen habe. Zu einer richtigen Meinung bin ich aber nicht gekommen."   BStU, BV Erfurt, Personenakte, Bl. 70

Aussage eines 17-jährigen Jenaer EOS-Schülers:

„Besonders in den letzten Wochen und Monaten verfolgte ich aufmerksam die Sendungen des ‚Radio Prag', des ‚österreichischen Rundfunks' und zum Teil des ‚Deutschlandfunks'. In diesen Sendungen wurde die Entwicklung in der ČSSR in den letzten Monaten als ‚demokratisch und fortschrittlich' hingestellt. Es wurde mehrfach zum Ausdruck gebracht, dass diese Entwicklung eine Abkehr von dem ‚dogmatischen Kommunismus' bedeutet und für alle Menschen in der ČSSR und kapital. Ländern erreicht werde. Entsprechend diese größere persönliche Freiheit bringe. Es wurde auch herausgestellt, dass damit eine Annäherung zwischen der ČSSR und kapital. Ländern erreicht werde. Entsprechend dieser Beeinflussung empfand ich die Politik [... der Okkupation] als falsch und unhuman."

BStU, BV Gera, Personenakte, Bl. 58

Aussage eines 18-jährigen Weimarers:

„Im Westfernsehen kann man oftmals Dinge hören, die den westlichen Politikern bestimmt nicht schmecken. Es wurde zum Beispiel zum Ausdruck gebracht, dass die Studentenunruhen nicht mit Gewalt niedergeschlagen werden sollten. Angebracht sei es gewesen, mit den Studenten über ihre berechtigten Forderungen nach einer Hochschulreform zu diskutieren. Auch das westdeutsche Kabarett „Lach- und Schießgesellschaft" greift oftmals in offener Form die westdeutsche Politik und westdeutsche Repräsentanten an. Natürlich hetzen die Kabarettisten auch gegen die Staatsmänner der DDR.
Da ich in meinem Leben täglich mit der Politik in Berührung kam, wie sie in der DDR vertreten wird und ich diese auch immer vertrat, übte das Westfernsehen meiner Meinung nach keinen negativen Einfluss auf meine politische Einstellung und Entwicklung aus."

BStU, BV Erfurt, Personenakte, Bl. 58

Aussage eines 16-jährigen Weimarers:

„Mir ist genau bekannt, dass der Sender ‚Freies Europa', der von München seine Sendungen ausstrahlt, auch in tschechischer Sprache sendet. Da ich diesen Sender überwiegend gehört habe, weiß ich, dass stets angesagt wurde, dass in tschechisch gesendet wird. Natürlich musste ich damit rechnen, dass es sich auch um diesen Sender handeln konnte oder um einen anderen, der nicht mit den Maßnahmen einverstanden war. ...
Die westlichen Sender brachten Vorkommnisse in der ČSSR sehr umfangreich und in allen Einzelheiten. Das interessierte mich. Zum anderen fand ich das bestätigt in Bildberichten."

BStU, BV Erfurt, Personenakte, Bl. 171

4. Thüringer Proteste und Aktionen gegen die Niederschlagung des Prager Frühlings

Einschätzung der Zentrale der DDR-Staatssicherheit, Anfang Oktober

„Umfang, Inhalt, Begehungsweise, Gesellschaftsgefährlichkeit der feindlichen Handlungen ließen bereits in den ersten Tagen nach der Einleitung der Schutzmaßnahmen erkennen, dass die Aktivität feindlicher und negativer Kräfte wesentlich größer ist als ... ja selbst während der Maßnahmen zur Sicherung der Staatsgrenze in Berlin am 13. August 1961."

BStU, MfS, ZAIG, 4725, Bl. 53

Urteilsaussage, die typisch für die Haltung des SED-Staats ist, Bezirksgerichts Gera, Oktober:

„Jeder, der die Maßnahmen der 5 sozialistischen Bruderländer vom 21. August 1968 verurteilt,
leistet gewollt oder ungewollt der imperialistischen Zersetzungs- und Wühltätigkeit Vorschub.
Wer derartige Aktionen durchführt, wie es die Angeklagten getan haben, führt einen offenen Kampf gegen die soz. Gesellschaftsordnung und stellt sich damit objektiv auf die Seite des Gegners."

BStU, BV Gera, Personenakte, Bl. 47

Zu den Protestbedingungen:

Aussage eines Erfurter Polizei-Unterwachtmeisters, August 1968:

> „Als ich mich in Höhe des Hauptpostamtes am Anger befand, kam mir der namentlich aufgeführte Jugendliche mit einem Kofferradio in ziemlicher Lautstärke entgegen. Dabei stellte ich weiterhin fest, dass er einen westlichen Sender abhörte. Ergänzend möchte ich hinzufügen, dass ich ‚englische Sprache' hörte.
> Dies war der Anlass, den Jugendlichen anzusprechen, mit der Frage, was er für einen Sender höre. Daraufhin bekam ich die Antwort, ‚ich höre Radio – Luxenburg'.
> Ich forderte ihn anschließend auf, das Radio abzustellen. Dieser Aufforderung kam der Jugendliche nicht nach und gab mir zur Antwort, ‚ich kann hören was ich will und wo ich will'.
> Da er dieser Aufforderung nicht nachkam, machte sich eine Zuführung des Jugendlichen zum VP.-Revier – Mitte – notwendig.
> Erst auf dem Wege zum VP.-Revier – Mitte – schaltete er sein Gerät ab. Auf Grund dieser getroffenen Feststellungen, wurde das Gerät für drei Monate eingezogen."
>
> *BStU, BV Erfurt, Personenakte, Bl. 14*

Polizei-Vernehmung eines 16-jährigen Weimarers, 2. September 1968:

> „Frage: Ist Ihnen die Strafbarkeit diesbezüglich bekannt?
> Antwort: Dass meine Handlung strafbar ist, darüber war ich mit bewusst. Denn in der DDR kann man nicht gegen den Strom schwimmen. Man muss immer mit dem Strom mitschwimmen."
>
> *BStU, BV Erfurt, Personenakte, Bl. 198*

Zeugen-Aussage eines 17-jährigen Gothaers, der als Mitläufer an einer jugendlichen Straßendemonstration teilnahm, 25. August 1968:

> „Frage. Warum hatten Sie Angst, dass Sie geschnappt würden und warum sind Sie überhaupt vor der VP-Streife davongelaufen?
> Antwort: Weil wir die Namen ‚Wotschek' und ‚Sobota' gerufen hatten.
> Frage: Warum haben Sie diese Namen gerufen?
> Antwort: Ich selbst hatte mir eigentlich nichts dabei gedacht und ich habe mitgemacht, weil die anderen das auch machten.
> Ich muss hierzu sagen, dass ich in Westfernsehen und auch in der Aktuellen Kamera gehört habe, dass in der CSSR demonstriert wird.
> Außerdem ist allgemein bekannt und das habe ich heute auch von meinem Freund erfahren, dass Jugendliche in Erfurt und Eisenach demonstriert haben. Es sollte auch einen Toten gegeben haben und viele sollen verhaftet worden sein. Wo das aber konkret war weiß ich nicht.
> Da ich heute Abend noch Zeit hatte und mir die Sache mit dem Demonstrieren interessant erschien, habe ich mitgemacht."
>
> *BStU, BV Erfurt, Personenakte, Bd. 3, Bl. 97*

Protokollierte Aussage eines 31-jährigen Erfurter Arbeiters zum 22. August

„Als das Fahrzeug kurz hinter unserer Höhe war, drehte ich mich stehen bleibend um und rief laut ein- oder zweimal ‚es lebe Dubček', wobei ich möglicherweise einen Arm hochriss.

Ich war einige Schritte weitergegangen, als ich plötzlich von 2 VP-Angehörigen gepackt und zu dem Funkstreifenwagen gebracht wurde.

Da ich mir keiner Schuld bewusst war, wehrte ich mich dagegen, in das Auto zu gehen, indem ich mich mit den Füßen gegen das Fahrzeug stemmte. Dabei rief ich laut: ‚lasst mich doch in Ruhe!'

Schließlich gelang es den VP-Angehörigen trotz meines Widerstandes mich in den Streifenwagen zu bringen und sie fuhren mich auf den Hof des Hauptpostamtes. Ob ich während der Fahrt zum Postamt auch noch Widerstand geleistet habe, weiß ich nicht mehr.

Auf dem Hof des Postamtes wurde ich meiner Erinnerung nach mehrfach in das Gesicht geschlagen, so dass ich aus der Nase blutete. Daraufhin habe ich zwar meinen Personalausweis herausgeholt und übergeben, jedoch vorher über mein blutiges Gesicht gewischt, so dass dieser beschmutzt wurde."

BStU, BV Erfurt, Personenakte, Bl. 47

(Die Staatssicherheit protokollierte die Worte oft umformuliert. Polizisten-Aussagen bestätigen den Haftgrund und dass geschlagen wurde.)

4.1. Bedingungen für Protest

Ende Juli 1968 sagte ein Wasunger Lehrer zu seinen Kollegen sinngemäß über die ČSSR: „*Bei uns in der DDR wäre das nicht denkbar, denn alle würden sich in die Hosen machen.*"[98] Das stimmt ein bisschen. Und es stimmt auch wieder nicht. Politisches Handeln kann zwischen geheim ablehnender Meinung und aktivem, widerständigem Protest qualitativ sehr verschiedenwertig sein. Protest findet stets innerhalb konkreter politischer Systeme statt – aus letzteren entstehen einerseits die Konflikte, Protestgründe und Protestchancen, sie prägen andererseits auch Protestrisiko, Protestorganisation und Proteströume. Das zaghafte Ausüben politischer Grundrechte kann dort als Widerstand gelten, wo diese generell verweigert werden. Insofern kann politisches Handeln in einer Diktatur einen Protestcharakter haben, den es im Rechtsstaat nicht hat.

Vom SED-Staat als Protest wahrgenommene Aktivitäten gab es keineswegs erst mit dem Truppeneinmarsch. Am 22. Juli beispielsweise fanden Funktionäre die an einem Pfeiler im Gelände des Suhler Ernst-Thälmann-Werks angebrachte politische Forderung: „*Wir fordern bessere Arbeits- und Lebensbedingungen und mehr Lohn*" und die Kripo Suhl ermittelte sofort gegen Unbekannt.[99] So ähnlich hatte 15 Jahre zuvor auch der 17. Juni begonnen und der SED-Staat sah seither ständig ein entsprechend hohes Protestpotential in offenen Arbeiterforderungen. Folge war ein sehr weitreichendes Disziplinierungs- und Bestrafungssystem, das Opposition bereits „in den Anfängen abwehren" sollte und vor allem das Organisieren von Protest und jeglichen Gruppenprotest damit extrem erschwerte. (Das waren völlig andere Bedingungen als für die westeuropäischen Universitäten.) Nicht zuletzt das Informationsmonopol wiederum war, was der SED half, wenn es um das Totschweigen auch all solcher Protestaktionen ging, die als Keim von Folgeprotesten geeignet wären.

---

[98] BStU, MfS, BV Suhl, AKG, 12, Bd. 3, Bl. 16.
[99] BStU, MfS, BV Suhl, AKG, 12, Bd. 3, Bl. 18.

Protest ohne Organisationsmöglichkeit blieb damit in der DDR zwangsläufig überwiegend Einzelprotest – in den Tagen nach dem ČSSR-Truppeneinmarsch allerdings ein vielfältiger, parallel laufender „Einzelprotest", der alles andere war als vereinzelter Protest, in der Anzahl der Akteure ebenfalls in die Hunderte und Tausende ging und – allein in den drei Thüringenbezirken zu über 1800 verhängten Haftmonaten führte. (vgl. Anhang, Tabelle III)

Die Grenzen zwischen Ablehnung und widerständigem Protest sind in der 68er DDR nicht klar auszumachen. Ablehnung und Kritik, auch wenn sie relativ offen ausgesprochen wurden, waren im Selbstverständnis der Kritiker selbst nicht immer Protest oder Widerstand. Sie konnten mitunter sogar mit öffentlicher Zustimmung einhergehen und sich dadurch faktisch selbst nivellieren. Wie zum Beispiel am 23. August im Hildburghäuser Betrieb „Normdrehteile", wo *„von Betriebsfunktionären ... Zustimmungserklärungen zu den militärischen Maßnahmen vorbereitet [wurden ...] Fast alle Betriebsangehörigen unterzeichneten diese Erklärung, diskutierten hinterher jedoch in besonders negativer Weise."*[100]

Auch die Gegenseite – also der Staat und der Staatsdiener vor Ort – bestimmte, was generell als Protestaktion galt. Und im SED-Staat war dies bereits jedwede Kritikäußerung am Gesellschaftszustand und allen Politikentscheidungen, egal wie irrsinnig diese gewesen sein mochten. Allerdings konnte ein und dieselbe Kritikäußerung an einem Ort folgenlos bleiben, während sie an einem anderen Ort zum Hetze-Strafverfahren mit mehreren Gefängnisjahren und zerstörten Lebensplänen führte. Letzteres geschah zum Beispiel dem Eisenbahner aus Mechterstädt, der am 23. August 1968 nichts anderes getan hatte, als gegenüber seiner Kollegin den Truppeneinmarsch zu verurteilen – er hatte gesagt, was auch viele andere an diesem Tag sagten, kam dafür aber in die Erfurter Stasi-U-Haft. Ähnlich erging es einem Fleischer aus Lipprechterode, der abends in der Kneipe auf die militärischen „Maßnahmen" schimpfte und sofort als „Staatsverleumder" inhaftiert wurde.[101] Eine gewisse „Grauzone" zwischen Ablehnung

---

[100] BStU, MfS, BV Suhl, AKG, 12, Bd. 3, Bl. 111.
[101] BStU, MfS, HA IX, 12.739, Bl. 273. 274.

und widerständigem Protest bildeten insofern Kritikäußerungen in kleinem Kreis oder auch in angetrunkenem Missmut, da sie teilweise und „zufällig" durch Denunzianten, Kleinfunktionäre oder Polizisten in die Arme der Sicherheitsorgane getrieben wurden.

4.2. Formen der Proteste nach dem 21. August

Die Proteste gegen die ČSSR-Okkupation, wie sie sich sowohl in staatlichen Lageanalysen wie auch in polizeistaatlichen Reaktionen darstellten, setzten sich für die gesamte DDR zusammen aus folgenden fünf Handlungsformen:

1. der Herstellung und Verteilung von Flugblättern,
2. öffentlich angebrachten Losungen und Inschriften,
3. jenen mündlichen Protesten v.a. im Kreise von Arbeitskollegen, die durch Funktionäre, Systemnahe oder Denunzianten „gemeldet" wurden (etwa ein Viertel aller Verfahren)
4. politische Demonstration, Demo-Aufruf und Unterschriftensammlung (15 Fälle mit mehreren Beteiligten)
5. Mitbringen politischer Schriften aus der ČSSR.[102]

Dieser Querschnitt ist auch typisch für die Bezirke auf Thüringer Gebiet. Die Mehrzahl der von Thüringer Polizei- und Staatssicherheits-Stellen eingeleiteten Strafvorgänge betraf hier jedoch nicht Flugblattaktionen, sondern politische Inschriften auf Straßen, Wände und dergleichen, mit Texten wie: „Es lebe Dubček", „Freiheit für Dubček", „Russen raus aus der ČSSR", „1938 Hitler – 1968 Ulbricht", „Dubček ja – Ulbricht nein".

Der höchste Anteil von Protesten konzentrierte sich zwar nicht auf die Thüringen-Bezirke, sondern auf Halle, Karl-Marx-Stadt und Potsdam. Aber immerhin die Hälfte aller registrierten Demonstrationen und Demo-Aufrufe – also eine besonders öffentlichen und damit riskanten Protestform – spielte sich in Thüringen ab. Außer den Demonstrationen in Mühlhausen, Erfurt und Gotha sowie den Demo-Vorbereitungen in Weimar und Ilmenau kam es nur noch in Lübbenau und Zwickau zu Demonstrationen.

---

[102] Vgl. auch BStU, MfS, HA IX, 12.738, Bl. 70, Bl. 135.

Die Zahl der Protestaktionen vervierfachte sich DDR-weit ab dem Einmarschtag und erreichte ihren Höhepunkt zwischen dem 24. und 26. August, um dann wieder allmählich zu sinken.[103] Bezüglich der gewählten Protestformen stellte die Staatssicherheit (bei den namentlich ermittelten Protestlern) den Trend fest, dass ältere Bürger fast ausschließlich in Gesprächen mit Arbeitskollegen, in Kneipen etc. protestierten, während überwiegend Jugendliche Protest-Inschriften öffentlich anbrachten und fast ausschließlich Jugendliche Flugblätter verbreiteten.[104] Langfristig wurde registriert, dass die Jugendlichen – mehr als jeder dritte inhaftierte Protestierende war unter 21 Jahre – besonders in den ersten Tagen nach der ČSSR-Okkupation aktiv wurden, während die „mündliche Hetze" der älteren Generationen konstant weiterlief (oder konstant weiterlaufend der Stasi bekannt wurde).

Vier von zehn Protestäußerungen erfolgten auf den öffentlichen Straßen und Plätzen – durch Inschriften, ausgelegte Flugblätter oder lautstarke „Dubček"-Rufe. Im Gesamtblick auf die insgesamt ca. 1.300 Protestierenden, die die DDR-Behörden als „Staatsverleumder" oder „Hetzer" klassifizierte, erfolgte darüber hinaus ein Sechstel der Proteste unter Kollegen am Arbeitsplatz, ein weiteres Sechstel in Gaststätten, ein Zehntel in oder an öffentlichen Gebäuden und ein Dreißigstel in Bahnen und Bussen.[105]

Hier ist auch zusammenfassend für den 21. August bis 14. September die Rede von insgesamt 2.129 „feindlichen Handlungen", wovon etwa die Hälfte öffentliche Inschriften und ein Drittel Flugblattaktionen waren. Stasi und Polizei fielen insgesamt 10.487 Flugblätter in die Hände (manche noch nicht verteilt) – aber manch ein weiteres wurde auch gelesen und versteckt.

---

[103] Ebenda, Bl. 71.
[104] BStU, MfS, HA IX, 12.738, Bl. 113.
[105] BStU, MfS, HA IX, 12.738, Bl. 144.

A. Demonstrativer Straßenprotest und Versuche der Organisation von Kundgebungen

Die Mühlhäuser Polizei war offenbar nicht ganz unbeteiligt daran, dass eine Straßenansammlung Jugendlicher zur Protestaktion wurde. Der jugendliche Sprechchor rief schon am 19. August in Anlehnung an politisches DDR-Liedgut: „Wer ist die Arbeiter- und Bauernmacht? – Wir! Wir! Wir!" Die Jugendlichen trafen sich auch, als Prag militärisch besetzt war, und der Polizeistaat entfaltete seine Kapazitäten (vgl. unter 4.4. Mühlhausen).

Auch in Erfurt waren die Jugendlichen, die abends auf der Straße ihre Freizeit verbrachten – z.B. dem Anger – zunächst ein eher unpolitischer Ausgangspunkt von Protest. Auch hier heizten Sicherheitskräfte die Stimmung an. Der mehrtägige Verlauf in Erfurt wurde mit beeinflusst, weil eine Meldung darüber in die Westnachrichten gelangte und auch der jugendliche „Buschfunk" für Weiterinformation sorgte. (vgl. unter 4.4. Erfurt)

Am 25. August kam es in Gotha hingegen zu einer geplanten jugendlichen Demonstration, die sich auch mit politischen Losungen verknüpfte und von Anfang an eindeutig gegen die ČSSR-Okkupation richtete. Hier war im Nachhinein der Umfang der Strafverfahren auch deutlich höher. (vgl. unter 4.4. Gotha)

Neben diesen Straßenansammlungen, die vorwiegend auf Mittelthüringen konzentriert waren, gab es auch die kleineren spontaneren Formen demonstrativen Straßenprotestes. Davon wurden freilich nicht alle aktenkundig, manche blieben folgenlos, andere endeten in Festnahmen:

In Erfurt hörten am 22. August Polizisten auf dem Anger einen Passanten Dubček hochleben und inhaftierten ihn sofort. Am 23. August riefen mehrere Männer abends in Grabe bei Mühlhausen wiederholt „Dubcek – Freiheit" durch die Dorfstraßen.[106] In Zeulenroda bewarf ein Arbeiter am selben Tag NVA-Soldaten mit Kartoffeln und rief: „Warum führt ihr solche stalinistische Methoden durch? Es lebe Dubcek."[107] Am 24. August ließen Mohls-

---

[106] BStU, MfS, HA IX, 12.739, Bl. 225.
[107] BStU, MfS, HA IX, 12.739, Bl. 275.

dorfer Jugendliche beim Tanzabend Dubček und Svoboda hochleben, was zu einer „öffentlichen Auswertung" führte, während die Namen der Eisenberger Jugendlichen, die „Dubček, Dubček, Freiheit" gerufen hatten, unbekannt blieben.[108] Am 25. August riefen drei Jugendliche lautstark durch die Geraer Bahnhofshalle „Dubček hoch" und am 27. August in der Geraer Hainstraße.[109] Ebenfalls am 25. August war es, als sich auf einem Hermsdorfer Kleingartenfest etwa 20 „Dubček-Svoboda"-Rufer zusammenfanden, von denen einer verhaftet wurde.[110] In Jena war es am 27. August eine Kollegengruppe von Bauarbeitern, die auf ihrem Weg durch die Saalbahnhofstraße „Viva Dubček" riefen.[111] Und in Weimar am selben Tag eine Gruppe Jugendlicher, die vor dem Hotel der ihnen bekannten Tschechen ihre Sympathie mit Sprechchor und dem Tragen tschechischer Fähnchen bekundeten.[112] Und noch am 15. September kritisierten fünf Arnstädter Jugendliche den Truppeneinmarsch in der offenen Form eines Straßenprotests – einige bekamen als „Rowdies" bis zu dreieinhalbjährige Haftstrafen.[113] Hinzu kamen noch eine Reihe von Bürgern, die als Einzelpersonen öffentliche Protestworte riefen, z.B. in Erfurt, Gera, Großaga etc.

Während es also spontan oder in Absprache unter Freunden wiederholt zu „demonstrativen" Ansammlungen oder Sprechchören kam, waren Aufrufe zu Protestdemonstrationen mit Orts- und Zeitangabe in der Regel erfolglos.

Gleich am 21. August wurden zwei Jugendliche aus Weimar inhaftiert, weil sie noch am selben Tag für 16 Uhr zu einer „öffentlichen Diskussion" auf dem Goetheplatz aufforderten – dazu kam es nicht, aber der 19-jährige erhielt 11 Monate Haft und der 16-

---

[108] BStU, MfS, BV Gera, AKG SLK 0018, Bl. 22, 27. (Gemeint ist Mohlsdorf im Kreis Greiz).
[109] Sie wurden durch die Transportpolizei nach der Festnahme ohne Strafverfahren wieder freigelassen. BStU, MfS, BV Gera, AKG SLK 0018, Bl. 3,6.
[110] BStU, MfS, BV Gera, AKG SLK 0018, Bl. 49.
[111] BStU, MfS, HA IX, 12.739, Bl. 655 und AS 629/70, Bd. 1, Bl. 59.
[112] BStU, MfS, HA IX, 12.739, Bl. 947-48 und 12743, Bl. 13.
[113] BStU, MfS, HA IX, 12740, Bl. 43.

jährige ein Jahr auf Bewährung.[114] Ein Ilmenauer hatte im Freibad eine entsprechende Losung angeschrieben und ein Weimarer Oberschüler verteilte einen Aufruf in Form von Flugblättern im Stadtgebiet (siehe S. 93) – am besten und schnellsten informiert waren freilich Polizei und Staatssicherheit. Das ahnten wohl auch viele derjenigen, die das Risiko einer Teilnahme abschätzten, so dass die Polizei quasi leere Plätze umstellte und umso intensiver nach den Aufrufern fahndete.

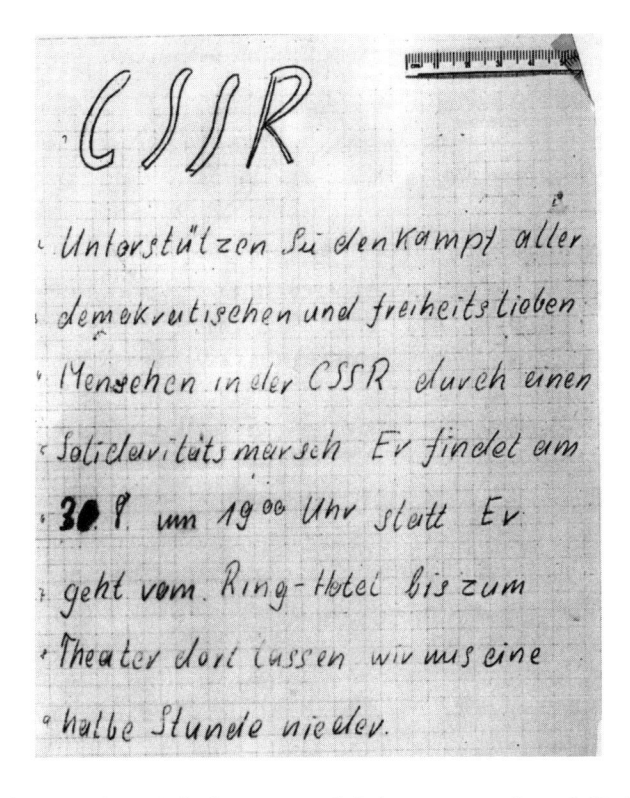

Flugblatt mit dem Aufruf zu einem Solidaritätsmarsch und Sit-In, das ein Weimarer Jugendlicher verteilte und als Plakat aushängte. Die Kreisdienststelle beschlagnahmte elf Exemplare davon und fand den Betreffende nach Schriftvergleichen. Der Soli-Marsch kam nicht zustande., Quelle: BStU, Erfurt, anonymisierte Personenakte, 1968

---

[114] BStU, MfS, HA IX, 12.739, Blatt 9-10 und AS 629/70, Bd.1, Blatt 689-90.

Aussage-Protokoll eines 19-jährigen Weimarers:

Ich schrieb auf die Flugblätter sinngemäß folgenden Text:

‚Unterstützen Sie den Kampf aller freiheitsliebenden und demokratisch denken Menschen in der ČSSR. Nehmen Sie teil an einem Solidaritätsmarsch vom Ring-Hotel zum Theaterplatz am 28.8. um 19.00 Uhr. Dort lassen wir uns eine halbe Stunde nieder.'

Bei einer Flugblattserie habe ich den Text unbewusst, aus Unachtsamkeit verändert. Der Sinn war der gleiche geblieben.

Die Anregungen für den Text erhielt ich in westlichen politischen Fernsehsendungen über die Ereignisse in der ČSSR. Darin wurden Demonstrationen im westlichen Ausland gezeigt, bei denen Personen Transparente und Schilder mit Aufschriften wie ‚Freiheit für die ČSSR' u.ä. trugen. Beeinflusst durch diese Sendungen habe ich den Text entworfen.

Da ich selbst gegen den Einmarsch der sowjetischen und Truppen anderer sozialistischer Länder in die ČSSR war und ich im Westfernsehen sah, dass in vielen Städten Westeuropas Protestaktionen stattfanden, auch in ähnlichen Vorgängen in Mühlhausen hatte ich von einem Klassenkameraden erfahren, wollte ich meine eigene Einstellung dazu nicht mehr zurückhalten und selbst eine solche Aktion organisieren."

BStU, BV Erfurt, Personenakte, Bl. 47f. (Die Staatssicherheit protokollierte das Gesagte häufig nicht wörtlich.)

B. Flugblätter

In den Thüringenbezirken, vor allem Gera und Erfurt, registrierten die Staatsdiener binnen zweier Wochen 65 selbstständige Flugblattfunde – im DDR-Staatsjargon galten sie als „Hetzschriften".[115] Ermittelt wurden vorwiegend die Akteure der systematischen, größeren Flugblattaktionen, während es überwiegend die provinziellen Einzelfunde waren, die unaufgeklärt blieben.

Haftstrafen für ihre Flugblattaktionen bekamen in Thüringen insgesamt 15 Jugendliche, einer Jugendhaus und gegen vier andere liefen die Strafverfahren Ende 1968 noch – diese Verfasser und Verbreiter der Flugschriften waren zwischen 15 und 26 Jahre alt. Unter 18 Jahre alt waren 13 Akteure. Ein 17-jähriger bekam zweieinhalb Jahre Haft. Die längste Haftstrafe (dreieinhalb Jahre) erhielt ein 20-Jähriger, der Ulbricht in seinem Flugblatt als Faschisten bezeichnet hatte.

Die Textbotschaften der Flugblätter, wie sie in Tabelle I nachzulesen sind, sind eindeutig gegen die Okkupation und für die ČSSR formuliert – oftmals ergänzen sich diese beiden Aussagen. In einigen Fällen wurde auch die DDR-Politik bzw. das Handeln Ulbrichts gezielt kritisiert und verabscheut. Auf Flugblättern sind im Vergleich zu den Inschriften deutlich häufiger auch politische Forderungen und direkte Aufforderungen enthalten, die engsten inhaltlichen Bezug zur ČSSR-Okkupation haben.

Die Flugblatttexte sind deutlich emotional formuliert, wirken trotzdem durchdacht-überzeugt und sprechen teilweise für einen guten Bildungsgrad. Einige Akteure haben sich an die medial verbreiteten Kurzformeln gehalten, vielleicht auch im Sinne der Anonymität, andere haben eignen Textentwürfen einen hohen Stellenwert beigemessen.

---

[115] Vgl. die Tabelle I im Anhang. Bei den gemeldeten Funden wurden bis zu 200 Flugblätter festgestellt, jedoch gab es auch solche Flugblätter, die offenbar nur ein, zwei Mal gefertigt. Mehrere Funde und Fundorte gleicher Flugblätter am selben Tag wurden nicht mehrfach gezählt.

Vervielfältigt wurden die Flugschriften auf unterschiedliche, ideenreiche Weise – denn immerhin lebten die Akteure in einem Staat, dessen Informationsmonopol beinhaltete, dass ein Bürger nichts zu vervielfältigen hatte. Handgeschrieben waren die meisten Einzelfunde, aber durchaus auch 50fache Flugblätter. Ansonsten kamen vorrangig Spielzeug-Stempelkästen, selbstgeschnitzte Stempel oder Schreibmaschinen zum Einsatz. In einem Falle kam es zur Nutzung eines der staatlich so überaus bewachten „Ormig"-Hektografen – durch einen Schüler, der einen Ferienjob angenommen und dort einen solchen Apparat entdeckt hatte.

Die Flugschrift-Verbreitung spielte ebenfalls eine große Rolle und wurde auch gezielt geplant. Die Fundstellen waren möglichst öffentlich, sowohl im öffentlichen Raum wie auch in Hausbriefkästen. Einzelflugschriften wurden nach Sichtbarkeitskriterien angebracht (ähnlich wie die Wand-Inschriften). Bei der Verteilung z.B. in Jena, Weimar und Mühlhausen wirkten mehrere Akteure mit.

Ein Zentrum der verteilten Flugblätter war wohl Jena, wo an mehreren Abenden unterschiedliche Flugblätter auftauchten, wo Flugblätter auch in Form von Gruppenprotesten entstanden und wo die Sicherheitsorgane schließlich nachts regelrechte Schnitzeljagden organisierten – nicht nur zur Tätersuche, sondern auch um die Verbreitung der Flugblätter zu verhindern.

Letzteres wiederum war ein Hauptmotiv der Akteure, die sich für die Protestform „Flugblatt" deshalb entschieden hatten, zumal diese am ehesten in viele Hände hätten gelangen können. Von den jugendlichen Flugblattschreibern wurde fast allerorts geäußert, dass sie andere, erwachsene Bürger aufmerksam machen und zum Protesthandeln bewegen wollten. Als Handlungsmotivation sind in der Masse der Flugblattaktionen ernstzunehmende politische Anliegen erkennbar – „selbstverwirklichende" oder jugendlich-spielerische Komponenten lässt auch der kritische Blick in die Vorgangsakten nicht erkennen. Letzteres trifft auch zu für öffentlichen „Losungs-Inschriften".

Hände weg

LS LEBE DUBC_

RUSSEN RAUS

NioDer mit Der SED

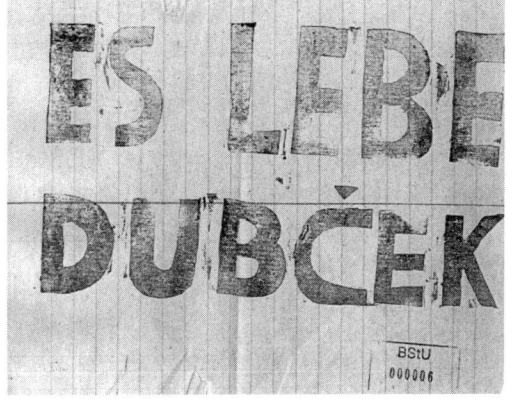

ES LEBE DUBČEK

BStU
000006

Faschist Ulbricht hat das deutsche Volk verraten!

Nieder mit dem Faschisten Ulbricht!
Es lebe die ČSSR!

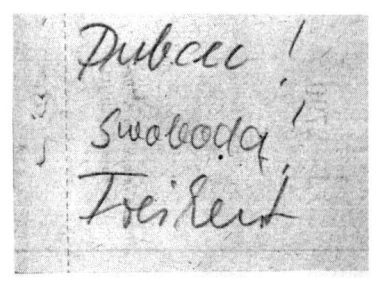

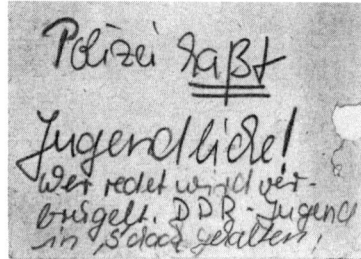

Aussage eines 16-jährigen Erfurters:

„Gegen 22.00 Uhr verließ ich die Wohnung, um diese Zettel auf der Straße zu verbreiten. Ich nutzte den Umstand, dass die Schaufenster vom Regen feucht waren und drückte einige Zettel an solche, wo sie auch haften blieben.

Ich wollte erreichen, dass andere Personen diese Zettel lasen und diese durch den Text der Zettel zum Widerspruch gegen die Maßnahmen der Sicherungskräfte der Deutschen Volkspolizei bei den Ansammlungen der Jugendlichen auf dem Anger in Erfurt und gegen die Anwendung der Waffen durch die sozialistischen Armeen in der ČSSR kommen würden. Sie sollten mit diesen Maßnahmen nicht einverstanden sein.

Ich hoffte, dass die Personen, die dies zur Kenntnis nahmen, sich gegen diese Dinge aussprechen würden und nicht mehr zulassen würden, dass die Polizei ohne Grund gegen die Bürger vorgeht, die eine andere Meinung haben und sich auch dazu äußern."

BStU, BV Erfurt, Personenakte, Bl. 78. (Die Staatssicherheit protokollierte häufig nicht wörtlich das Gesagte.)

Aussage eines 17-jährigen Jenaers:

„Die Hetzflugblätter wurden von uns deshalb hergestellt, weil wir alle gemeinsam mit den Maßnahmen der fünf Bruderländer zum Schutz des Friedens in Europa und der soz. Errungenschaft in der ČSSR nicht einverstanden waren. Ich selbst und auch die anderen Gruppenmitglieder vertraten die Meinung, dass der Einmarsch der Bruderarmeen in die ČSSR eine Okkupation sei. Deshalb kam auch die Losung zustande ‚Okkupanten raus aus der ČSSR!'

Wir vertraten auch die Meinung, dass dadurch dem tschechoslowakischen Volk keine Unterstützung gewährt wurde, wie dies von unserer Staatsführung in den Zeitungen dargelegt wurde. Ich hatte genauso wie die anderen die Meinung, dass Dubček in der ČSSR eine angesehene Person sei und habe für ihn Sympathien empfunden. So kam auch die Losung ‚Hoch lebe Dubček' zustande. Meine Überlegung ging dahin, viele Menschen mit unserer Meinung zu dem Problem in der ČSSR vertraut zu machen und ihnen diese auch zu übermitteln, was durch die Verbreitung der Flugblätter geschehen sollte."

BStU, BV Gera, Personenakte, Bl. 27 (Die Staatssicherheit protokollierte das Gesagte häufig nicht wörtlich.)

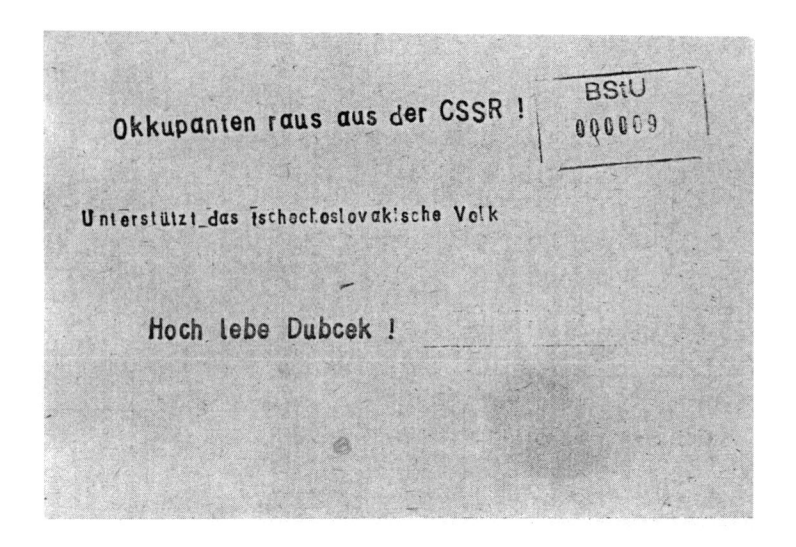

> Okkupanten raus aus der CSSR !
>
> BStU 000009
>
> Unterstützt das tschechoslovakische Volk
>
> Hoch lebe Dubcek !

Aussage seines ebenfalls beteiligten Freundes:

„Ich persönlich betrachte es als feige, wenn diese fünf soz. Staaten in die ČSSR einmarschieren und bin der Ansicht, dass die Freiheit des tschechoslowakischen Volkes dadurch angegriffen wird.

An Hand der jüngsten Entwicklung in der ČSSR stellte ich fest, dass die Bürger in diesem soz. Staat meiner Meinung nach eine größere Meinungsfreiheit haben ...

Ich bin der Ansicht, das man als Bürger der DDR nicht offen seine Meinung sagen kann, ohne dabei zu riskieren, in irgendeiner Form zur Verantwortung gezogen zu werden.

Wir wollten zeigen, dass es Bürger unseres Staates gibt, die gegen die Maßnahmen ... und für eine größere persönliche Freiheit sind."

BStU, BV Gera, Personenakte, Bl. 27f. (Die Staatssicherheit protokollierte das Gesagte oft nicht wörtlich.)

C. Straßen-Inschriften als politische Bekundungen

In allen Regionen Thüringens fanden Bürger, Aufsichtskräfte und Polizisten öffentlich angebrachte Bekundungen, die im SED-Jargon zu „Hetzschmierereien" diffamiert wurden. Über 110 derartige Fälle wurden offiziell aus den Thüringenbezirken gemeldet, wobei manche Akteure gleichzeitig oder hintereinander mehrere Inschriften anbrachten. Auf der Strafbank landeten fünfzehn Thüringer, bei weiteren fünf Inhaftierten ist die Strafform unbekannt, nur ein, zwei Festgenommene wurden nach der „Aussprache" wieder freigelassen.

Die öffentlich auf Straßen, Wände, Brückenpfeiler, Aushangssäulen u.ä. geschriebenen oder geklebten Losungen waren überall von prägnanter Kürze, in ihrer politischen Botschaft jedoch nicht minder eindeutig als die der Flugblätter, auch wenn letztere teilweise deutlich länger argumentieren. Für Einzelakteure waren diese Inschriften meist schneller oder unaufwendiger umzusetzen. Hier stand nicht das Vervielfältigen im Vordergrund, sondern das möglichst unauffällige Anbringen an höchst auffälligen Stellen. In dem Grundmotiv der öffentlichen Meinungsbekundung gibt es kaum Unterschiede zu den Flugblättern.

Im Inhalt haben die Losungen mitunter durchaus verschiedene Ausrichtungen. (vgl. Tabelle II im Anhang) Im Vordergrund der Losungen steht die Sympathiebekundung zu Dubček, die auch mit dessen Rückkehr aus Moskau nicht sofort abbricht. Auch unter den Jugendlichen, die inhaftiert wurden, dominiert diese Sympathisierung. Bei den Losungen, die vorrangig gegen den Truppeneinmarsch gerichtet sind, gibt es solche, die ausschließlich auf den Sowjetbesetzung bezogen sind, wobei z.B. dem mehrfachen „Russen raus" auch eine auf die DDR bezogene Bedeutung innewohnt, und solche, die gegen Ulbricht bzw. die SED-Politik gerichtet sind. Aus einzelnen Losungen könnte man sogar tiefen Zorn interpretieren.

Aufgrund des intensiven polizeistaatlichen Überwachungsgrades des öffentlichen Raums in der DDR haben jedoch oft nur frühmorgendliche Passanten diese Losungen sehen können, bevor die Kameras und Mops von Stasi und Polizei in Aktion traten.

Nach manchen Inschriften – zum Beispiel im Reichsbahngelände in Südthüringen – fahndeten Polizei und Stasi länger als ein Jahr erfolglos. Es entstanden deutlich weniger „Tatspuren" als bei den Flugblättern.

Andere Akteure wurden hingegen verhaftet – sei es auf „frischer Tat, durch aufwendige Schriftfahndung oder im ländlichen Raum durch intensive Kenntnis der Bürger und kleine „Verdächtigen"-Kreise. Etwa jeder fünfte Inschriften-Akteur wurde festgenommen – ihr Durchschnittsalter lag bei 19,7 Jahren (von 14 bis 32), wobei ältere Akteure vermutlich eher anonym bleiben konnten.

Teilweise war das öffentliche Anbringen von Anti-Okkupations-Botschaften verknüpft mit den anderen Protestformen. So hatte ein Erfurter Schüler seine Zettel an Schaufenster geklebt oder die Gothaer Marktdemonstranten schrieben ihre gerufenen Losungen auch an die Rathauswand.

Kreide-Inschrift quer über die Ortsverbindungsstraße

Inschrift an der Hauswand des Orts-Bürgermeisters

Aussage eines 23-jährigen Gebstedters:

Während ich auf den Treppenstufen saß, überdachte ich das Geschehen des ganzen Tages. Dabei dachte ich zugleich auch an die Ereignisse in der ČSSR und daran, dass die Studenten der ČSSR Losungen mit dem Inhalt ‚Russen raus' anbringen, wie ich aus den Westnachrichten erfahren hatte. Zugleich dachte ich daran, dass der Einmarsch der verbündeten Armeen nach meiner vom Westrundfunk hervorgerufenen Auffassung mit dem Überfall Hitlerdeutschlands auf die CSR gleichzusetzen sei. Diese Gedanken bewogen mich, ebenfalls eine Hetzlosung anzubringen. ...

... Ich habe im Vorbeigehen an der Kirchenmauer zunächst gedankenlos in einer Entfernung von etwa 70 bis 80 Meter von der am Bürgermeisteramt angebrachten Hetzlosung ein senkrechtstehendes einfaches Kreuz angemalt.

Dabei kam mir der Gedanke, ein Hakenkreuz anzumalen, um damit die Behauptung des Westrundfunks zum Ausdruck zu bringen, dass der Einmarsch der fünf Armeen dasselbe sei wie der Überfall Hitlers auf die CSR. Etwa 20 Meter von dem ersten Kreuz habe ich daraufhin ein senkrechtstehendes Hakenkreuz angemalt."

BStU, BV Erfurt, Personenakte, Bl. 47f. (Die Staatssicherheit protokollierte das Gesagte häufig nicht wörtlich.)

Aussage-Protokoll eines 17-jährigen Erfurter Schülers, 3. September:

„Am 21.8.1968 ging ich mit meinem Schulfreund in den Brühler Garten, wo wir mehrere mir unbekannte Jugendliche trafen. Dort unterhielten wir uns über die Ereignisse in der ČSSR, wobei ich aussprach, dass ich den Einmarsch der Truppen nicht billige. Ich entsinne mich noch, dass einer dieser Jugendlichen ein Kofferradio bei sich hatte und Nachrichten über die ČSSR empfing und zwar meines Erachtens von einem Westsender. Im Verlaufe der Unterhaltung ergab sich, dass ich mich mit einem ca. 14jährigen, kleinen dunkelblonden Jugendlichen näher unterhielt und dabei äußerte, dass man mit Losungen oder ähnlichem etwas gegen den Einmarsch der Truppen tun muss. Damit war er auch einverstanden. Auf meine Frage, ob er dazu Farbe hatte, antwortete er mit ja.

Wir verabredeten uns daraufhin für 20.00 Uhr zum Brühler Garten, wo er die Farbe und ich einen Pinsel mitbringen wollte. Dazu muss ich sagen, dass von diesem Gespräch die anderen Jugendlichen, die in einiger Entfernung standen, nichts mitbekamen.

Um 20.00 Uhr trafen wir uns dann auch am Brühler Garten. Von zu Hause hatte ich mir einen Pinsel mitgebracht und der Kleine hatte die Farbe (gelbe Ölfarbe) bei sich. Wir gingen zunächst zur IGA-Freilichtbühne, wo wir uns den Film ‚Das große Rennen um die Welt' ansahen. Da der Kleine kein Geld hatte, bezahlte ich den Eintritt. Als dann während des ‚Augenzeugen' ein Bericht über den Einmarsch sowjetischer Truppen in die ČSSR gegeben wurde, rief ich laut ‚pfui'.

Nach der Filmveranstaltung [...] benutzten wir den von der Glashalle aus gesehen links liegenden Weg.

An einem Rondell ließ ich mir von dem Kleinen die Farbe geben. Während er aufpasste, dass uns niemand über-

raschte, schrieb ich auf das Rondell die Losung ‚Freiheit für die ČSSR'.
Anschließend gingen wir noch zusammen zur Obus-Haltestelle und verabschiedeten uns. [...]
Die IGA wählte ich deshalb aus, weil dort am nächsten Tage, also am 22.8.1968 Eröffnung sein sollte. Damit hätte ich erreicht, dass eine große Anzahl Menschen diese Losung sehen. [...]
Mit dem Anbringen oder Anschmieren der Hetzlosungen wollte ich den anderen Menschen demonstrieren, dass es auch in der DDR Kräfte gibt, die gegen das Eingreifen in die Angelegenheiten der ČSSR sind. Deshalb forderte ich auch deren Freiheit, das heißt den Abzug der Truppen. Die Menschen sollten mit diesen Losungen selbst dazu veranlasst werden, dass sie sich gegen die Maßnahmen richteten."

BStU, BV Erfurt, Personenakte, Bl. 26f. (Die Staatssicherheit protokollierte das Gesagte häufig nicht wörtlich.)

Ölfarben-Inschrift auf dem Boden, IGA Erfurt

Protokollierte Aussage eines 18-Jährigen Nohraers, 27. August

„Der Anlass für meinen Entschluss Hetzlosungen zu schmieren war die Tatsache, dass die Streitkräfte der verbündeten Staaten nach einer Nachrichtensendung des ‚Deutschlandfunk' in der ČSSR mehrere Bürger angeblich erschossen worden sind. Diese Mitteilung hatte ich im Bad auf meinem Kofferradio empfangen. [...]
Frage: Warum haben Sie die Losung ‚Es lebe Dubček' auf die Straße gemalt?
Antwort: Damit wollte ich zum Ausdruck bringen, dass ich dagegen bin, dass sich die NVA ebenfalls an der Besetzung der ČSSR beteiligt."
BStU, BV Erfurt, Personenakte, Bl. 65f. (Die Staatssicherheit protokollierte das Gesagte häufig nicht wörtlich.)

Aussage-Protokoll eines 23-jährigen Schlossers aus Ostthüringen, 24. August

„Es wurde von diesen Sendern mitgeteilt, dass das Eingreifen der Bruderländer in der ČSSR eine große Protestwelle ausgelöst habe. So kam ich dann auf den Gedanken, mich dieser Protestwelle gleichfalls anzuschließen und da ich keine andere Möglichkeit sah, meinen Unwillen zum Ausdruck zu bringen, entschloss ich mich zu der von mir bereits geschilderten Handlungsweise. Ich kann mich noch entsinnen, dass vom Deutschlandfunk die Meldung verbreitet wurde, dass niemand wisse, wo sich Dubček zum gegenwärtigen Zeitpunkt aufhalten würde. Sein Aufenthaltsort sei völlig unbekannt. Auch das ungewisse, was in diesen Sendungen über Dubček verbreitet wurde, war mit Anlass dafür, dass ich eine solche Handlungsweise beging."
BStU, BV Gera, Personenakte, Bl. 39. (Die Staatssicherheit protokollierte das Gesagte häufig nicht wörtlich.)

D. Offener mündlicher Protest

Beinahe jedes dritte Strafurteil richtete sich gegen Bürger, die ihre politische Kritik am Vorgehen gegen die ČSSR und ander Ulbricht-Regierung offen und mündlich ausgesprochen haben[116]. Das geschah tagsüber meist im Betrieb unter Kollegen, beim Feierabendbier in der Gaststätte als Meinungsäußerung im politischen Gespräch unter Bekannten oder in Form von „Viva-Dubček"-Rufen auf Tanzflächen, im Gartenverein und anderswo. Den Behörden wurden freilich nur diejenigen „Fälle" bekannt, bei denen sich ein Denunziant betätigte oder ein Polizist in Hörweite aufhielt. In Ausnahmefällen – wie dem Quellenzitat auf der nächsten Seite – gab es auch offene direkte Argumentationen gegenüber Polizisten und Systemnahen, wobei die Betreffenden in der Regel aber wohl nicht mit Strafsanktionen rechneten.

Das Altersspektrum reicht von 16 bis 79 Jahre und liegt im Durchschnitt deutlich höher als bei den anderen Protestformen. Darunter waren durchaus auch junge Menschen, die ihrem Ärger ohne Rücksicht auf das in der DDR damit generell verbundene persönliche Risiko Luft machten – immerhin war jeder dritte mündliche „Hetzer" vor Gericht jünger als 20 und eine Reihe weiterer Festnahmen Jugendlicher endete in erzieherischen, verwarnenden „Aussprachen". Unter den älteren Menschen, bei denen es sich meist um Arbeiter handelte, fanden die Verantwortlichen teilweise schnell Belege für deren kritische, ablehnende Haltung auch in anderen Fragen der SED-Politik. Meist blieb ihre Aktivität auf Worte beschränkt, nur im Einzelfall kam es zur Informationssammlung für Westmedien, zu Kartoffelwürfen gegen Soldaten oder zur Willensbekundung, mit einer Waffe in Prag zu helfen.

Strafverfahren wegen „mündlicher Hetze" hat es seit 1949 ständig gegeben und die Justizpraxis der 50er diente gezielt zu Abschreckung und „Erziehung" – das führte zwangsläufig und tendenziell schon lange vor 1968 zu einem starken Rückgang offener Meinungsäußerung, jedenfalls bei der älteren Bevölkerung.

---

[116] Inklusive der unter A. bereits genannten offenen Straßenproteste liegen die bestraften mündlichen Äußerungen deutlich über einem Drittel.

Bericht über eine „Unterhaltung" zwischen 20-Jährigem und Polizist Möller nach Zuführung aufs Polizeirevier, Hermsdorf, 23.8.1968

> „Wie Ultn. Möller berichtet, ergab die Unterhaltung folgendes Bild: Zu ...
> Er erklärte, er sei mit den Maßnahmen nicht einverstanden. Er sei überhaupt ein Gegner der Politik der DDR. In der DDR gebe es nur eine Meinung, die von der Regierung, die würde dem Volke aufdiktiert. Nach seiner Meinung stellten die Menschen in der ČSSR berechtigt die Forderung der freien Meinungsäußerung. Auf das Argument, dass sich in der DDR über 90 % der Bevölkerung zur Verfassung bekannt haben, erklärte er. ‚Die Menschen haben das nur aus Angst getan. Der größte Teil der Bürger würde so wie er denken. Hinter vier Bürgern stände bei uns mindestens ein Spitzel'. Es wurde versucht, ihm klar zu machen, dass ein soz. Staat sich auf die breitesten Schichten der Bevölkerung stützt, ihm wurde aufgezeigt, welche ökonomischen Erfolge unsere Bürger mit Begeisterung erringen. Hier machte er keine Einwände, betonte aber immer wieder, bei uns gebe es keine freie Meinugsäußerung, Wenn einer die Schnauze aufmacht, bekommt er eins auf den Schädel. Er begrüßt die Haltung der Menschen in der ČSSR, die für ihre Pressefreiheit eintreten. Die Politik der Leute um Dubček sei vollkommen in Ordnung."
>
> *BStU, BV Gera, Personenakte, Bl. 14*

E. Mitwirken an den Prager Protesten und Mitbringen von Schriften und Informationen

In Thüringen kam es zu größeren Strafverfahren jeweils gegen einen Erfurter und mehrere Weimarer Jugendliche, die in die Tage der Niederschlagung des Prager Frühlings vor Ort miterlebt, sich teilweise unter die protestierende Bevölkerung gemischt und bei ihrer Heimkehr Informationen, Fotos, Zeitungsbelege mitgebracht hatten. Ein Geraer Jugendlicher, der am 21. August direkt von einem Jugendcamp aus der ČSSR zurückkam, entschloss sich in Gera sofort zur Herstellung von Flugblättern.

Durch Grenzkontrollen und Befragung ganzer Freundeskreise war es den Jugendlichen im Nachhinein kaum möglich, ihre Aktivitäten zu verheimlichen. Zu den Weimarer Verurteilungen kam es z.B. deshalb, weil die selbst gemachten Prag-Fotos herumgereicht wurden und ein Mitschüler diese Jugendlichen anzinkte.

Die sechs diesbezüglichen Strafurteile lagen zwischen zwei und drei Jahren und waren damit relativ hoch – relativ hoch auch im Vergleich zu ihren Aktivitäten, die teilweise situativ begründet waren und nicht zwangsläufig eine so klare politische Entscheidung wie das Erstellen eines Flugblattes beinhalten mussten.

Denn vorgeworfen wurde den Jugendlichen nicht nur ihre Sympathie für die Reformpolitik und ihre Okkupations-Kritik, sondern vor allem die Tatsache, dass sie beweiskräftige authentische Belege für das tatsächliche Geschehen in Prag hatten und damit durch einfaches Weiterreichen im Freundeskreis die SED-Medienlügen unangenehm entlarven konnten. Nachdem die SED-Führung alle Prager Reform als „konterrevolutionär" eingestuft hatte, galten auch jede Prager Zeitung, das in Prag veröffentlichte Foto mit den Gewehreinschüssen am Nationalmuseum (s. folgende Seite) und jeder Bericht über einen KPČ-Parteitag, der am 22.8. Dubček und seinen Kurs legitimierte, als konterrevolutionäres Material. Vorgeworfen wurde den Jugendlichen, dass sie Fotos gemacht, ČSSR-Fähnchen „geschmuggelt", Tagebuch geführt und dass sie teilweise auch in Prag beim Kleben von tschechischen Flugblättern mitgeholfen haben.

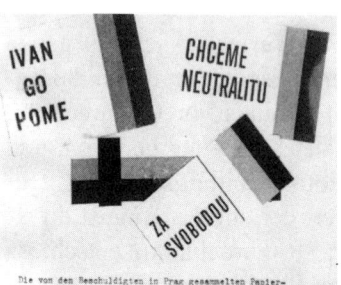

Die von den Beschuldigten in Prag gesammelten Papier-
fähnchen mit konterrevolutionären Losungen.

Die von den Beschuldigten ▮▮▮▮▮▮▮ (oben) und den
Beschuldigten ▮▮▮▮▮▮▮ (unten) in Prag aufgefundenen
Patronenhülsen.

22. 8. 1968 ZA TĚŽKÝCH PODMÍNEK SE SEŠEL
V PRAZE XIV. MIMOŘÁDNÝ SJEZD KSČ

květy

**KLID
ROZVAHA
BOJKOT
OKUPANTŮ**

*Jenom ne strach Jen žádný strach
takovou fugu nezahrál sám Sebastian Bach
co my tu zahrajem
až přijde čas až přijde čas
Kůň bronzový kůň Václavův
se včera v noci třás
a kníže kopí potěžkal
Myslete na chorál
Malověrní
Myslete na chorál*

ZÁDY K OKUPANTŮM — ČELEM K NÁRODU

Z TORSA NADĚJE FRANTIŠKA HALASE

F. Anonyme Briefe oder Telefonate

Als am 21. August auch der Geraer Stadtfunk die TASS-Meldung wiederholt sendete, ging im Rathaus ein anonymer Anruf mit der Forderung ein, dies sofort abzuschalten.[117] Einen Tag später nahm ein Funktionär der SED-Kreisleitung Gotha den Hörer ab und bekam zu hören: „Ihr elenden Dubcek-Schweine. Ihr Ulbricht-Freunde."[118] Und der Anrufer vom 23. August kannte sogar die Rufnummer der Geraer Stasi-Zentrale, dort bekam man zu hören: „Es lebe Dubček. Diese Nacht geht es los." Und am 26. August waren es die Greizer SED-Funktionäre, denen eine unbekannte Frauenstimme zurief: „Euch Lumpen müsste man alle aufhängen."[119] In Schleiz bekam der Vorstand der „Deutsch-Sowjetischen Freundschaft" ein anonymes, zerrissenes Mitgliedsbuch mit entsprechend begründetem Austrittsbrief zugeschickt.[120] Und am 29. August landete ein offener Brief in der Suhler Hauptpost mit dem Text: „Freiheit für die CSSR. Erhebt eure Stimme gegen die Okkupanten. Soldaten! Ihr mordet eure eigene Freiheit. Befolgt nicht die Befehle der stalinistischen - ulbrichthörigen Offiziere. Ulbricht tritt gegen die Menschenrechte mit Füßen. Seine führende Rolle hat er verwirkt. Es lebe der freie Dubček."[121]

Diese Protestform mit den Mitteln von Post, Telefax und Telefon war häufiger als gemeinhin angenommen – in die Gerichtssäle gelangte diese „Hetze" nicht, dafür aber auf Funktionärsschreibtische, in Bürgermeisterohren und zur Stasi-Postüberwachung. Die Akteure blieben oftmals unbekannt. Es gab in Gera auch den Fall, dass die Staatssicherheit „Hetze" in einem Brief las, die Briefeschreiberin ermittelte, aber dann den Vorgang ohne Sanktion gegen sie ad acta legte.[122] Die Staatssicherheit hatte diesen Brief ebenso illegal gelesen wie sie illegal Telefonate abhörte.

---

[117] BStU, MfS, BV Gera, SLK, 0018, Bl. 2.
[118] BStU, MfS, HA IX, 12.739, Bl. 95.
[119] BStU, MfS, BV Gera, SLK, 0018, Bl. 20.
[120] BStU, MfS, BV Gera, SLK, 0018, Bl. 52.
[121] BStU, MfS, MfS, HA IX 12.739, Bl. 822.
[122] BStU, MfS, BV Gera, AU 763/68.

4.3. Jugendliche Akteure in Thüringen

Über die Menschen, die sich in den Tagen der Niederschlagung des Prager Frühlings dazu entschlossen haben, Kritik und Reformwunsch, Ablehnung und mitunter auch Zorn zum Ausdruck zu bringen, lässt sich anhand der Akten nur Allgemeines sagen.

Am Morgen des 22. August hatten die Suhler Stasi-Oberen noch berichtet: „Jugendliche traten bei Diskussionen nur in geringer Zahl auf."[123] Fünf Tage später schrieben auch sie: „Im Steinweg und in anderen Straßen der Bezirksstadt Suhl vergrößern sich die Gruppen herumlungernder Jugendlicher, besonders in den Abendstunden."[124] Fast gleichzeitig wurde ein 18-jähriger Glasarbeiter aus Schleusingen in den Stasi-Knast der Suhler Theo-Neubauer-Straße gesperrt.[125] Beim Fußball am Sonntag zuvor trug ein Neubrunner Lehrling in Meiningen, der von einer Prag-Reise heimgekommen war, die tschechischen Nationalfarben am Jackenärmel – er antwortete auf die Nachfrage, „es seien die Farben der Staatsflagge der ČSSR und er würde das aus Trauer um die in der ČSSR erschossenen Studenten tragen."[126]

Die Zusammenstellung der festgenommenen und überwiegend verurteilten Thüringer Protestierenden zeigt hinsichtlich der Altersstruktur folgendes Bild:

14	15	16	17	18	19	20	21	22	23	24	älter
1	4	11	19	13	11	6	2	9	7	4	32

Von den 117 festgenommenen Akteuren mit bekanntem Alter waren demnach also

    drei Viertel jünger als 25 Jahre
    die Hälfte noch Teenager
    jeder neunte Schüler oder in den letzten Schulferien.

---

[123] BStU, MfS, BV Suhl, AKG, 12, Bd. 3, Bl. 84.
[124] BStU, MfS, BV Suhl, AKG, 12, Bd. 4, Bl. 8.
[125] BStU, MfS, HA IX, 12.739, Bl. 516f.; BStU, MfS, AS 629/70, Bd. 1., Bl. 144f.
[126] BStU, MfS, BV Suhl, AKG, 12, Bd. 4, Bl. 8.

Wenn man sich andererseits die inhaltliche Substanz der Proteste und die Protestformen anschaut, so ist dieser kaum „unreif" zu nennen – stärker in seiner „Jugendlichkeit" vielleicht im Hinblick auf die Spontaneität und Emotionalität des Agierens und die jugendliche Hoffnung auf eine positive gesellschaftsverändernde Wirkungskraft der eignen Signale.

Wenn der Historiker Gehrke schreibt, „*dass der weitaus überwiegende Teil der Proteste aus der Arbeiterschaft kam*"[127], so trifft dies ebenfalls für die Thüringer Bezirke zu. 70 von 118 bekannten Tätigkeitsangaben sind typische Arbeiterberufe, unter den 22 anderen sind noch drei LPG-Arbeiter genannt, und die 13 Schüler hatten noch keinen Beruf. Immerhin waren damit 40 Prozent d Lehrlinge oder junge Arbeiter. Ein großer Teil der Proteste kam dabei aus der j u n g e n Arbeiterschaft bzw. von Lehrlingen zu Arbeiterberufen. Denn 45 der 70 Arbeiter-Akteure waren jünger als 25 Jahre – das sind etwa zwei Drittel.

Studenten oder andere Jugendliche mit Karriereaussichten sind eher die Ausnahme – auch wenn ihr Anteil vielleicht in der Zahl der anonym gebliebenen Proteste etwas höher sein mag, als unter den festgenommenen Akteuren. Belegt sind nur ein Jenaer Student, der in seinem Heimatort Schafhausen mit anderen Jugendlichen Pläne für Flugblätter schmiedete, aber im Vorfeld festgenommen wurde, ein Ilmenauer Student, der bei einer Flugblattaktion in Berlin mitgewirkt hatte und ein Nordhäuser, der in Dresden studierte und im Herbst wegen „Gruppenbildung" und Flugblattverbreitung festgenommen war.

Bezüglich der Protestformen wurde bereits erwähnt, dass Straßen-Losungen, Flugblätter und auch Straßenansammlungen besonders durch Jugendliche erfolgte, während ältere durch offen protestierende Meinungsbekundungen in ihrem Lebensumfeld aktiv wurden.

---

[127] Bernd Gehrke, 1968 – das unscheinbare Schlüsseljahr der DDR in: 1968 und die Arbeiter. Studien zum „proletarischen Mai" in Europa, hg. von Gehrke/Horn, Hamburg 2007, S. 107.

Neben diesen verallgemeinerbaren Aussagen gibt es auch Akteure, die – auch wenn dies eher Einzelfälle war – bis in die Gefilde des Bildungs- und Staatssystems hineinreichten. Die beiden ausgewählten Beispiele betreffen einen Lehrer (von zwei) und einen Polizisten, die aufgrund ihrer Proteste beide in DDR-Gefängnissen landeten und die im Nachhinein auch mit Berufsverbot bestraft wurden.

Protokolliertes Stasi-Verhör eines 36-jährigen Eisenacher Polizisten, 31. August 1968:

„Jawohl, ich habe derartige Äußerungen gemacht und, wie ich mich jetzt erinnere, gesagt, dass die ‚Russen genau wie die Nazis vorgehen'.
Ich weiß nicht mehr, ob es in diesem Zusammenhang war, oder in einem anderen, da habe ich auch gesagt, dass das tschechische Volk sich seine Freiheit aufbauen will und die ‚Russen ihnen durch den Überfall die Freiheit nehmen'. Auf einen weiteren Vorhalt des U-Organs gebe ich auch zu, gesagt zu haben, dass ‚die Russen in der ČSSR eine Schlappe erlitten haben'.
Diese und andere Äußerungen, die mir nicht mehr erinnerlich sind, habe ich seit dem 21.8.1968 während des Dienstes gegenüber meinen Genossen im Funkstreifenwagen gemacht."

BStU, BV Erfurt, Personenakte, Bl. 33 (Die Staatssicherheit protokollierte häufig nicht wörtlich das Gesagte.)

Aussage eines Grundschul-Lehrers aus Ostthüringen, der am Marktplatz eine Kreidelosung „Freiheit Dubček" angebracht hatte:

„Frage: Wie kamen Sie auf die Idee, eine derartige Losung anzuschmieren?
Antwort: Ich habe während der letzten Monate aufmerksam die Vorgänge in der ČSSR verfolgt. Dabei interessierte ich mich vor allem für das Auftreten der Genossen Svoboda und Dubček. ... ich habe den freundlichen Abschied zwischen dem Genossen Walter Ulbricht und dem Genossen Dubček vor wenigen Tagen im Deutschen Fernsehfunk mit erlebt und die Abschiedsworte des Genossen Walter Ulbrichts, die viel Glück für den zukünftigen Weg beinhalteten, gehört. Es ist mir bekannt, dass einige dieser Beschlüsse aus Bratislava nicht eingehalten wurden.
Ich konnte mir jedoch in diesen wenigen Tagen nicht vorstellen, dass der Genosse Dubček konterrevolutionären Truppen Beistand leistet.
Diese Vorstellung wird erhärtet durch die Tatsache, dass bis in die letzten Tage der Genosse Svoboda an der Seite des Genossen Dubček stand, und jetzt legal die ČSSR in der Sowjetunion vertreten kann.
Diese Tatsache rief bei mir Unklarheiten hervor und ich sah darin eine Ungerechtigkeit. Vor wenigen Tagen hörte ich den Vorsitzenden der KPÖ Fischer im Radio Wien seine Ansicht in ähnlicher Weise darüber äußern."

BStU, BV, Gera, Personenakte, Bl. 67f. (Die Staatssicherheit protokollierte häufig nicht wörtlich das Gesagte.)

4.4. Das Geschehen in ausgewählten Orten

Mühlhausen

Bereits am 18./19. August registrierte die örtliche Polizei das öffentliche Auftreten Jugendlicher im Stadtgebiet. Am 18. August trieben Polizeistreifen die von einer Kirmes heimkehrenden Jugendlichen auseinander – in Mühlhausen hatte 1968 schließlich abends „Ordnung" auf allen Straßen zu herrschen und laut dem wenige Monate zuvor inkraftgetretenen Strafgesetzbuch galt eine Menschenansammlung ab drei, vier Personen bereits als potentielle Zusammenrottung – ein Strafgrund, falls die Betreffenden nicht sofort polizeilichen Aufforderungen folgten.

Am 19. August drehten andere Jugendliche ihre Kofferradios laut und liefen durch die Straßen, worauf die Polizisten sie ebenfalls sofort vertreiben wollten. Der stellvertretende Kreis-Polizei-Chef kam angetrunken aus einer Sowjetkaserne hinzu und brüllte sie vom Auto heraus noch zusätzlich an.

„Die Jugendlichen folgten der Aufforderung nur zögernd und beim Weggehen dieser wurden vereinzelt ‚Pu'-Rufe laut und solche Redewendungen wie: ‚Wer ist die Arbeiter- und Bauernmacht – wir, wir, wir'."[128] Durch hinzukommende Jugendliche wuchs deren Zahl auf etwa 70-80. Der Chef wurde ausgepfiffen und die Polizei nahm daraufhin fünf Festnahmen vor, entließ diese Jugendlichen aber später wieder, da keine feindlichen Gründe für eine gezielte politische Demonstration feststellbar waren.

Die bereits angespannte und mobilisierte Polizei definierte am 20. August das Ansammeln und Zusammenstehen von 35 Jugendlichen sofort als „Zusammenrottung" (neuer DDR-Strafparagraph seit 1968) und scheuchte die entstehenden Gruppe ebenfalls auseinander. Dabei wurden zwei Jugendliche wegen „Rowdytums" (ebenfalls ein neuer DDR-Strafparagraph ab 1968) eingesperrt und 11 weitere zeitweilig festgenommen.

---

[128] BStU, MfS, AS 629/70, Bd. 7, Bl. 340ff., 477ff.

Am 21. August erfuhren viele Bürger in Mühlhausen nicht nur die Nachricht vom ČSSR-Truppeneinmarsch, sondern auch vom Geschehen an den Vortagen, dem Auftreten der Polizei, dem in der Nähe stationierten, kürzlich aber ausgerückten Panzerregiment und von den Befürchtungen über erneute jugendliche Straßen-Ansammlungen, die in einem erneuten Polizeieinsatz enden könnten.

Zu letzterer kam es dann in der Innenstadt, in der Nähe des Gebäudes der SED-Kreisleitung. Wieder fanden sich jugendliche Gruppen ein, zunächst zählte man etwa 50 Jugendliche, wobei sich mit einer Gruppe von Agitatoren alsbald „*heftige Diskussionen entwickelten*". Letzteres ist auch die Zahl, die später in einem äußerst beschwichtigend formulierten Erfurter Polizei-Bericht nach Ostberlin gemeldet wurde.

Über das tatsächliche Geschehen berichtete ein damals 14-jähriger Augenzeuge: Die Funktionäre, die wohl ebenfalls von den Nachrichten über die Auflösung der Prager Dubček-Führung und das „Eingreifen" der Sowjets" überrollt worden waren, traten dennoch gegenüber den Jugendlichen agitatorisch in Aktion. Auf dem Platz, bis hinein in die angrenzenden Straßenabschnitte standen Menschengruppen, vorwiegend, aber nicht nur Jugendliche. Es gab rege Diskussionen in diesen Gruppen, unter die sich die „Agitatoren" gemischt hatten. Ein älterer Mann stellte sich auf eine Bank und äußerte sich offen gegen den ČSSR-Einmarsch – er wurde daraufhin von Polizisten, die eine Verwandlung in eine Kundgebung verhindern wollten, sehr schnell festgenommen.[129] Die stetig zunehmende Straßenansammlung wuchs im Verlauf des Abends immerhin auf etwa 2000 Menschen an. Gegen 22 Uhr trafen Einsatzgruppen der Bereitschaftspolizei aus Erfurt ein – die Ansammlung löste sich danach von selbst auf.

Einer der am 20. August festgenommenen Jugendlichen wurde zu einem Jahr Freiheitsstrafe wegen „Staatsverleumdung" verurteilt. Das Schicksal des anderen ist hier nicht bekannt. Der ältere Mann vom 21. August bekam – ebenfalls wegen Staatsverleumdung – sogar 30 Monate Strafvollzug in Untermaßfeld aufgebrummt.

---

[129] BStU, MfS, HA IX, 12.745, Bl. 9.

Auch für eine Reihe weiterer Beteiligter gab es Folgen, denn es hieß später: *"Alle in diesem Zusammenhang angefallenen negativen Jugendlichen werden unter operativer Kontrolle gehalten."*
Parallel zu diesen Straßenansammlungen kam es ab 21. August zu Protestaktionen, in denen sich Bürger, anonym oder offen, eindeutig und direkt mit der besetzten ČSSR solidarisierten:
Am 21. August fanden sich im Stadtgebiet öffentliche Straßen-Inschriften mit dem Wortlaut: „Russen raus aus der ČSSR".[130]
Im benachbarten Dorf Grabe riefen abends etwa zehn Männer auf der Straße laut: „Dubček – Freiheit", was Polizei und Staatssicherheit sofort auf den Plan brachte.[131]
Und am 26. August schließlich wurden im Mühlhäuser Stadtgebiet Flugblätter mit dem folgenden Text verbreitet:

"Im roten Würgegriff 1953 in Deutschland: blutige Niederschlagung aller freiheitlichen Kräfte in der SBZ! 1956 in Ungarn: blutige Niederschlagung aller freiheitlichen Kräfte in Ungarn! 1968 in ČSSR: blutige Niederschlagung aller freiheitlichen Kräfte in der ČSSR! Wollt ihr euch noch länger von dem roten Spitzbart unterjochen lassen???? Der rote Hitler heißt heute Ulbricht. Schlaft nicht noch länger!"[132]

Ein 15- und ein 17-jähriger Jugendlicher aus Mühlhausen wurden später wegen eben dieser Flugblätter durch die Staatssicherheit inhaftiert.
Die Ansammlung der Mühlhäuser Jugendlichen ab 18. August sprach sich in den Tagen nach dem Einmarsch bis nach Weimar, Gotha und anderswo herum, sowohl unter Jugendlichen als auch unter Polizei und Stasi-Offizieren, so dass von diesem Mühlhäuser Geschehen eine gewisse überregionale Wirkungskraft ausging. Letzteres trifft noch stärker auf die „Demonstrationen" auf dem Erfurter Anger zu, über die sogar die bundesdeutschen Nachrichten berichteten.

---

[130] BStU, MfS, HA IX, 12.739, Bl. 18.
[131] BStU, MfS, HA IX, 12.739, Bl. 225.
[132] BStU, MfS, HA IX, 12.739, Bl. 558.

Erfurt

Am 21. August versammelten sich – wie eigentlich jeden Abend – 20 und später 50 Jugendliche auf dem Anger.[133] Sie wurden von Polizisten, die durch die Mühlhäuser Berichte beunruhigt waren, um 20 Uhr aufgefordert sofort den Platz zu verlassen. Für sie bekam die Situation der Okkupation auch jenseits der Nachrichten ein konkretes polizeistaatliches Gesicht. Die Jugendlichen äußerten – laut Stasi-Bericht – „*Unverständnis*" und begaben sich ohne Widerstand auseinander, wollten aber wieder zurückkommen. Sie verabredeten auf Zuruf noch, am nächsten Abend an gleicher Stelle zusammenzukommen und andere Jugendliche mitzubringen, „*um ihr Mißfallen mit den Ereignissen in der ČSSR kundzutun.*" Da Polizei und Stasi den Anger seit längerem als „Konzentrationspunkt" definiert und mit Spitzeln durchsetzt hatten, erfuhr die Staatssicherheit durch einen Informanten von diesen Zurufen. Was am 22. August tagsüber dann offenbar folgte, war ein Art Mobilmachung des Funktionärs- und Polizeistaates: die Staatsjugendorganisation FDJ organisierte Agitatoren und einen DDR-Schlager-Gitarristen, die Polizei organisierte Zivilstreifen, Polizeispitzel und Schnellkommandos, die Staatssicherheit organisierte ein 35-köpfige Einsatzgruppe und ihre Stasispitzel.[134]
Nach 19 Uhr kam es allmählich wieder zur Ansammlung Jugendlicher „*in losen Gruppierungen*", zwischen die sich die Agitatoren des Funktionärsstaates mischten. Die Jugendlichen hatten im Tagesverlauf die Nachrichten über die Ereignisse aus den Westmedien gehört und diskutierten – ähnlich wie in Mühlhausen – über den Truppeneinmarsch und inwieweit dieser ihre eigne Situation und Zukunft betraf. Nachdem ein Berufs-„Jugendfreund" auf dem Anger mit dem Gitarrespielen begonnen hatte und zwei andere hinzukamen, wurde die Menge immer dichter, was wiederum von den Polizeistreifen als bedrohlich angesehen wurde. In einer spontanen Meldung am 22. August war noch die Rede

---

[133] BStU, MfS, HA IX, 12.739, Bl. 15.
[134] BStU, MfS, AS 629/70, Bd. 7, Bl. 347f.

von 400-500 Jugendlichen – später wurde nach Ostberlin ein abgeschwächter Bericht mit 200 Beteiligten gesandt.[135]
Die umstehende Polizeipräsenz auf dem Anger trat massiv in Aktion, als ein älterer Dubček-Rufer den Anger überquerte und unter Widerstand in einen Polizeiwagen gezerrt und dann schnell auf den Hof der Post weggefahren wurde.

Die Zahl der Jugendlichen auf dem Anger konnte sich im Verlaufe des Abends – anders als in Mühlhausen – nicht wesentlich erhöhen, weil die Polizei die Umgebungsstraßen abgeriegelt hatte, Passanten in Richtung Anger abwies und dabei auch über 135 Ausweiskontrollen durchgeführt hat.[136] Über die erfassten Personen stellte die Polizei im Nachhinein Ermittlungen an. Wenn die SED im Nachhinein Namenslisten Beteiligter erhielt, um über Elternhäuser, Arbeitsstellen etc. disziplinierende Aussprachen zu veranlassen, so kann davon ausgegangen werden, dass auch die Mehrzahl der auf dem Anger versammelten Jugendlichen namentlich registriert war.

Auch in Erfurt verlagerte sich die Situation der massiven jugendlichen, polizeiumstellten Straßenansammlung nicht in eine übergreifende gemeinschaftliche Protestkundgebung, auch wenn diese sich erst nach etwa fünf Stunden allmählich aufzulösen begann. Dafür sorgte auch die Tatsache, dass es im Verlaufe des Abends zu immerhin 38 Festnahmen und Verhöre durch die gemeinschaftlichen agierenden Einsatzkräfte von Polizei und Staatssicherheit kam und damit jede Versuche einer friedlich-spontanen Verlagerung polizeistaatlich unterbunden wurden.

Gegen Mitternacht festgenommen wurden auch drei Jugendliche, die schon zuvor einen Klub mit dem Namen „Spartakus" gebildet hatten, der Beatfreunde und Gleichgesinnte in Form einer echten Mitgliedschaft in sich vereinen sollte. Die drei Verhafteten standen bei der Staatssicherheit wegen „versuchter Klubbildung" bereits unter Beobachtung. Gegen einen von ihnen, einen 19-jähriger Krankenpfleger, leitete die Staatssicherheit in der Haft dann ein Hetze-Strafverfahren ein, in dem ihm sowohl seine of-

---

[135] Ebenda, Bl. 416 und Bl. 345ff.
[136] Ebenda, Bl. 353.

fenen Meinungsäußerungen gegen die Okkupation auf dem Anger vorgeworfen wurden wie auch seine Weigerung, den Anger sofort zu verlassen.[137] Ende 1968 befand er sich noch in Untersuchungshaft, weil die Staatssicherheit im auch seine Zugehörigkeit zum Spartakusbund vorhielt, so dass hier nicht bekannt ist, inwieweit er politisch verurteilt wurde.

Am 23. August wurde ein 16-jähriger Erfurter Schüler inhaftiert, der die DDR als KZ und die Polizisten als Bullen bezeichnete, bei der Stasi eingesperrt, von dort zu über eineinhalb Jahren Strafhaft verurteilt.

In der Andreasstraße resümierte die Staatssicherheit am 24. August: „Durch die Vernehmung der zugeführten Personen konnten keinerlei Anhaltspunkte dafür erarbeitet werden, wie und auf Grund welcher Umstände die Zusammenrottung von cirka 200 Menschen zustande kam, wer ihre Organisatoren waren und welche Zielstellung verfolgt wurde."*[138]*

Auch am Folgetag und andernorts in Erfurt kam es zu jugendlichen Zusammenkünften. Ein Jugendlicher, der von den Ereignissen des 22. August aus den Westnachrichten erfahren hatte, ging dort am Folgetag gezielt hin und beklebte anschließend Schaufenster mit kleinen selbstbeschriebenen Flugblättchen. An einem anderen Ort verabredeten sich zwei Jugendliche, Farbe und Pinsel für eine Straßenlosung zu besorgen und setzten ihren Plan am selben Abend in die Tat um. In verschiedenen Stadtteilen gab es „Es-lebe-Dubček"-Inschriften, Passanten mit trauerumflorten ČSSR-Fähnchen am Revers, handgeschriebene Flugblätter in den Umkleideschränken der Pressen- und Scherenbauer, 55 angeklebte andere Flugblätter, blaue Mauerinschriften nahe der Humboldtschule, gedruckte Flugblätter im Angerkino und an mehreren anderen Plätzen, eine mit schwarzer Tulpe signierte Losung an der Johannesplatz-Baustelle, Stempel-Flugblätter im Panorama-Kino, Festnahmen wegen offenherziger Anti-Okkupations-Äußerungen im Bürgerhof oder im Mitropa-Wartesaal, ein Stapel

---

[137] BStU, MfS, HA IX, 12.739, Bl. 331; AS 629/70, Bd.1, Bl. 368 und Bd. 7, Bl. 352.
[138] BStU, MfS, AS 629/70, Bd. 7, Bl. 419-

Flugblätter mit der Forderung nach sofortigem Truppenabzug in der Anger-Milcheisbar, einen Lehrling, der bis zu seiner Verhaftung seine Prag-Erlebnisse und -Mitbringsel im Freundeskreis verbreitete, einen abgesandten Sympathie-Brief an die ČSSR-Botschaft in Ostberlin.

Aussage des Volkspolizisten Wollweber über den Abend des 22. August:

„*An diesem Abend war der Fußgängerverkehr bedeutend stärker als üblich. Auf den Bürgersteigen standen dichtgedrängt Jugendliche, die ich aufgrund ihres äußeren Auftretens als sogenannte „Gammler" bezeichnen möchte, als auch ältere Menschen. Auf der Seite vom Angermuseum bis etwa in die Höhe der Straßenbahnhaltestelle der Linie 1 standen die Menschen besonders eng beieinander. Meiner Meinung nach diskutierten sie über Probleme, die der Einmarsch der verbündeten Truppen des Warschauer Vertrages in die ČSSR mit sich gebracht hatte. Durch dieses Verhalten wurde der reibungslose Verkehr und die Ordnung gestört ..."*[139]

BStU, BV Erfurt, Personenakte, Bl. 63 (Die Vernehmer protokollierten häufig nicht wörtlich das Gesagte.)

---

[139] BStU, MfS, BV Erfurt, 1968 (anonymisiert verwendete Personenakte, Aktennummer liegt der Verfasserin vor), Bl. 63.

Aussage-Protokoll eines 17-Jährigen über den Abend des 23. August 1968

> „Ich hatte am Abend des 23.8.1968 beim Verfolgen der ‚Tagesschau' des Westfernsehens durch eine Mitteilung des Nachrichtensprechers Kenntnis davon erhalten, dass in Erfurt auf dem Anger eine Demonstration stattgefunden habe, deren Teilnehmer sich gegen die Maßnahmen der Bruderstaaten zur Lage in der ČSSR aussprachen, gewaltsam aufgelöst worden war.
>
> *Ich entschloss mich daher noch am selben Tag selbst auf den Anger zu gehen, um festzustellen, ob dies stimmt. Gegen 22.00 Uhr ging ich dann zum Anger und sah, dass sich etwa 150-200 Personen der verschiedensten Altersgruppen versammelt hatten.*
>
> *Ich hörte wie ein älterer Mann dazu aufforderte den Verkehr zum Stocke zu bringen. Ich weilte etwa 15 Minuten auf dem Anger und entfernte mich, nachdem ich sah, dass die Volkspolizei einige Personen festnahm. Ursprünglich wollte ich mich auch an den Störaktionen gegen den Verkehr beteiligen, ließ dies jedoch, da ich solche als unsinnig ansah. Ich schlussfolgerte aus meinen Feststellungen am Anger, dass die in den westlichen Publikationsorganen verbreiteten Einschätzungen zu den Maßnahmen der Bruderstaaten in der ČSSR als richtig zu bezeichnen sind und dass gegen diese Maßnahmen Stellung bezogen werden musste.*"[140]
>
> *BStU, BV Erfurt, Personenakte, Bl. 90.* (Die Vernehmer protokollierten häufig nicht wörtlich das Gesagte.)

---

[140] BStU, MfS, BV Erfurt, 1968 (anonymisiert verwendete Personenakte, Aktennummer liegt der Verfasserin vor), Bl. 90. Die Vernehmer protokollierten häufig nicht wörtlich das Gesagte.

Begründung eines 16-jährigen Erfurters für seine Flugblatttexte, 2. September 1968

„Der Text ‚Dubček, Svoboda, Freiheit!' sowie der Text ‚Uns wird gelehrt, der Westen bedeutet Krieg – der Osten bedeutet Frieden' bezog sich auf die Ereignisse in der ČSSR. Ich wollte mit dem ersten Text zum Ausdruck bringen, dass diese Staatsmänner in der ČSSR ihrem Volk mehr Freiheit lassen würden und dieses als Vorbild für unseren Staat dienen solle. Mit dem 2. Text wollte ich die in unserem Staat verbreitete These, dass der Westen Krieg wolle, widerlegen und wies darauf hin, dass ja der Westen sogar den Einmarsch der Truppen in die ČSSR und die Anwendung der Waffen war. Mit dem Text ‚Polizei haßt Jugendliche!', ‚Wer redet, wird verprügelt', ‚DDR-Jugend in Schach gehalten"', beabsichtigte ich, unter Bevölkerung Widerstand gegen solche Maßnahmen der Polizei zu erwecken, wie das Auseinandertreiben der Jugendlichen am 22.8. 1968 auf dem Anger in Erfurt.

Ich wollte zum Ausdruck bringen, dass die Jugend ihre Meinung, wenn sie anders als die der Regierung sei, nicht offen sagen könne ohne Gefahr zu laufen in der Folgezeit Nachteil zu haben oder wie am Anger selbst Prügel zu bekommen. Des weiteren sollte die Bevölkerung mit der Polizei diskutieren und deren Verhalten der Jugend gegenüber abändern."

BStU, BV Erfurt, Personenakte, Bl. 80f. (Die Vernehmer protokollierten häufig nicht wörtlich das Gesagte.)

Weimar

Gleich am 21. August äußerte sich ein 19-jähriger Dachdecker gegenüber anderen Jugendlichen offen gegen die „Maßnahmen des Warschauer Vertrags". Er sagte, dass man unbedingt noch am selben Tage um 16 Uhr auf dem Goetheplatz eine Protestdemonstration organisieren müsse.[141] Dazu kam es nicht, jedoch zur Festnahme des Dachdeckers und seines 16-jährigen Freundes, die beide später verurteilt wurden. Der Gedanke einer Protestdemonstration sprach sich unter Weimars Jugendlichen herum. Auch ein anderer Jugendlicher hatte diese im Sinn, als er Flugblätter mit einer Zeitangabe unter Bezug zu einem geplanten Ulbricht-Aufenthalt in Weimar und mit der Idee eines Marschs mit anschließendem Sitzstreik anfertigte. Diverse Exemplare allerdings landeten bei Polizei und Staatssicherheit, die dann im Bereich des Theaterplatz erhöht präsent wurden. Zu einer Straßenansammlung wie in Mühlhausen und Erfurt kam es nicht.

Eine Gruppe anderer Lehrlinge traf sich an mehreren Tagen auf der Straße, hörte Nachrichten und pflegte Kontakt zu tschechischen Jugendlichen, die erst durch sie vom Truppeneinmarsch erfuhren und ein Radio erhielten. Die Weimarer Jugendlichen bezeichneten den Truppeneinmarsch als Schweinerei. Einige trugen Tschechen-Fähnchen, einige planten ihre Auswanderung in die ČSSR und mehrere von ihnen trafen sich vor dem Ringhotel und riefen immer wieder laut „Viva Dubček". Das führte später zur Verhaftung durch die Weimarer Polizei und – da diese immer noch mit der Protestdemonstration rechnete – zu intensiven Vernehmungen. Es kam zu weiteren fünf Strafprozessen.

Vier Weimarer Oberschul-Abgänger verbrachten die Tage der ČSSR-Besetzung in Prag und brachten von dort viele Eindrücke, Materialien, Aufzeichnungen und sogar abgeschossene Patronenhülsen mit. (siehe unter 4.2.E.) Ähnliches traf auch zu auf einen Lehrling aus dem Weimarwerk. Da auch diese fünf Jugendlichen vorm politischen Strafgericht landeten, war Weimar die Stadt, in der nicht nur mehrfacher Gruppenprotest gegen die Niederschla-

---

[141] BStU, MfS, HA IX, 12.739, Bl. 9f.; MfS AS 629/70, Bd.1, Blatt 689f.

gung des Prager Frühlings stattfand, sondern gegen deren Akteure thüringenweit auch die meisten Strafurteile verhängt wurden. Parallel dazu gab es mehrere, verschiedene anonymen Protestaktionen. Am 25. August waren im Stadtgebiet Flugblätter anonym verteilt worden, die jemand mit roter Ölkreide geschrieben hatte.[142] Es wurden politische Wand-Inschriften am Gartenzaun der Wilhelm-Pieck-Straße und an Hauswänden oder der Hinweis auf eine verbrannte DDR-Fahne registriert. Und auch im Kreisgebiet – in Kranichfeld, Barchfeld, Schöndorf, Tannroda, München – wurden „Hetzlosungen", angeklebte „Hetzzettel" oder Flugblätter mit politischen Botschaften wie „Deutsche erwacht, geht raus aus der ČSSR, befreit Dubček" registriert.[143]

Haft-Begründung gegen 18-jährigen Weimarer:

„Es liegen dringende Verdachtsgründe gegen ihn vor, dass er Ende August in Weimar eine größere Anzahl Hetzschriften herstellte, in denen er zur Unterstützung der konterrev. Kräfte in der ČSSR aufforderte. In 11 in belebten Straßen der Stadt Weimar angebrachten Schriften rief er zu einem Solidaritätsmarsch für den 28. bzw. 30. August zum Nationaltheater auf, wo durch ein halbstündiges Niedersetzen die staatlichen Verhältnisse in der DDR diskriminiert und Bürger zu weiteren Widerstandshandlungen veranlasst werden sollten.
Der dringende Verdacht der Täterschaft des M. ergibt sich aus dem Untersuchungsbericht des Technischen Untersuchungsstelle des Min.für Staatss., wonach die Schriften eindeutig von diesem Beschuldigten hergestellt wurden."
9. Sept. 1968, BStU, BV Erfurt, Personenakte, Bl. 9.

---

[142] BStU, MfS, HA IX, 12.739, Bl. 492.
[143] BStU, MfS HA IX 12.739, Bl. 95, 558, 626, 1226.

Aussage eines 17-jährigen Weimarers:

Frage: Was ist in Weimar vor dem Hotel „Ringhotel" losgewesen?

Antwort: Dort standen wir alle vier vor dem Hotel und haben gerufen ‚Russen raus' und ‚Viva Dubček'. Sonst war nichts weiter los. [...]

Frage: Was wurde von Ihnen, dem ..., dem ... und dem ... vor dem Hotel durchgeführt?

Antwort: Ich hatte einen roten und einen blauen Farbstift einstecken und mit diesen haben wir auf Pappe Fahnen der ČSSR gemalt. Diese Fahnen steckten wir uns an die Jacken. Damit wollten wir demonstrieren, dass wir für die ČSSR sind und nicht mit den Maßnahmen vom 21.08.1968 einverstanden sind.

Ich sagte bereits, dass wir unter anderem auch gerufen haben: ‚Russen raus' und ‚Viva Dubček'. Diese Äußerungen riefen wir im Chor und mehrere Male. Dabei standen wir auf der anderen Straßenseite. Bei einigen umliegenden Häusern schauten Leute aus den Fenstern heraus. In einer Querstraße befanden sich auch noch andere Bürger. Mir ist aber nicht aufgefallen, dass außer uns noch andere Bürger gerufen haben. Die beiden Kerle, die mit dem ungarischen Bürger gekommen sind, hatten die Äußerungen auch mit gerufen."[144]

BStU, BV Erfurt, Personenakte, Bl. 150f, 156f. (Die Staatssicherheit protokollierte oft nicht wörtlich das Gesagte.)

---

[144] BStU, MfS, BV Erfurt, 1968 (anonymisiert verwendete Personenakte, Aktennummer liegt der Verfasserin vor), Bl. 150f., 156f. Die Vernehmer protokollierten häufig nicht wörtlich das Gesagte.

Gotha

Auf den Straßen Gothas wurde eine Gruppe Jugendlicher auf den Straßen besonders am Sonntagabend, dem 25. August, aktiv.[145] Im Vorfeld hatten einige von ihnen von dem Geschehen in Mühlhausen und Erfurt erfahren und untereinander besprochen, dass man auch in Gotha so offen protestieren müsse. Zwei Jugendliche fertigten am Vorabend ČSSR-Fahnen an. Eine solche wurde dann zuerst auch auf dem Stadthallenplatz geschwenkt, um andere Jugendliche herbeizuwinken, und anschließend dem entstehenden Demonstrationszug von etwa 25-30 Jugendlichen vorangetragen. Die Demonstrierenden riefen auf ihrem Weg in Richtung Marktplatz „Viva Dubček – hoch lebe Dubček". Diese Fahne sollte gut sichtbar am Marktbrunnen befestigt werden, was aber wohl nicht ganz gelang.

Ein anderer junger Mitdemonstrant schlug auf dem Marktplatz der herumstehenden Demonstrantengruppe vor, dass man mit gut sichtbaren politischen Losungen an Wänden und Straßen für die nächsten Tag noch mehr Aufmerksamkeit erreichen könne, wenn sich Demonstration längst aufgelöst hätte. Er und andere begannen dies mit Ziegel- und Kreidesteinen umzusetzen und es entstanden Inschriften mit Texten wie „Russen raus aus der ČSSR", „Freiheit für Dubček", „Russenschweine" direkt auf der Rathauswand, an anderen Stellen des Marktes sowie in den angrenzenden Straßenzügen.

Bevor sie auseinander gingen, planten die Jugendlichen noch, sich am 27. August abends um neun Uhr erneut zur Protestdemonstration am Markt zu treffen und dafür zu sorgen, dass dann noch mehr andere Jugendliche Bescheid wüssten und kämen. Doch dazu konnte es nicht kommen, denn noch in derselben Nacht begannen die Verhaftungen, nachts um drei begannen die Verhöre und drei Jugendliche erhielten später Haftstrafen, andere wurden mit Aussprachen und ähnlichem streng verwarnt.

---

[145] BStU, MfS, BV Erfurt, ASt 111/87.

Aus der Anklageschrift gegen mehrere Gothaer (M war damals ein 15-jähriger Schüler):

> „M. entrollte diese [ČSSR-]Fahne und schwenkte diese während einer Karussellfahrt, um die Jugendlichen auf sich aufmerksam zu machen.
> Als ihm dies gelungen war, zog er unter Voranführung und Schwenken der Fahne mit einer Gruppe Jugendlicher ... vom Stadthallenplatz zum Hauptmarkt in Gotha.
> Auf diesem Wege wurden von den Beteiligten im Sprechchor hetzerische Losungen, die sich gegen die Hilfsmaßnahmen in der ČSSR richteten, gerufen."
>
> *BStU, BV Erfurt, Personenakte, Bl. 53*

Aussage eines 16-jährigen Gothaer Lehrlings, am 26.8. nachts auf dem Polizeirevier:

> „Frage: Warum haben Sie die Losung angeschmiert?
> Antwort: Der Grund ist, dass ich nicht damit einverstanden bin, dass die Russen in die CSSR eingerückt sind. Deshalb habe ich auch die Losung angebracht. Es ist meine Überzeugung. Wenn ich konkret antworten soll, was ich mit dem Anschmieren der Losung bezwecken wollte, so muss ich sagen, dass ich hierauf keine Antwort weiß. Es könnte möglich sein, dass die Losung von anderen gelesen wird, die dann die gleiche Meinung vertreten."
>
> *BStU, BV Erfurt, Personenakte, Bl. 4.*

Jena

Im Vergleich zu den genannten Orten war Jena wohl die Stadt mit den meisten Flugblattfunden. Stasi und Polizei registrierten:

22.8. –	morgens – erstes Flugblatt auf dem Spittelmarkt „Es lebe Dubček – es lebe die ČSSR"
22.8. –	abends – 91 Flugblätter: "Es lebe Dubček, Es lebe die CSSR, 1938 bis 1968 – Deutsche in Prag"
23.8. –	morgens – Flugblätter
23.8. –	vormittags – Stempel-Druck „Dubček " auf Telefonbüchern in öff. Telefonzellen
27.8. –	abends Flugblatt „Hände weg", ČSSR-Grundriss
27.8. –	abends – 135 Flugblätter an Saalbahnhof, Thomas-Mann-/Klara-Zetkin-Str., Dornburger Straße, „Okkupanten raus"
28.8. –	abends – Flugblätter „Okkupanten raus" unter Kollegen des Kraftverkehrs entdeckt
28.8. –	abends, 30 Flugblätter „Hände weg" Friedrich-Engels-Straße
29.8. –	Goetheallee, 16 Flugblätter „Hände weg"
03.9. –	13 Reform-Flugblätter an Professoren/Doktoren, Unterzeichner: „Bund freies Deutschland"
07.9.–	Litfasssäule, Baracke und Park, Flugblätter „Was will die DDR in der ČSSR"
09.9. –	Baubude, Pumpenhaus, Flugblätter „Was will die DDR in der ČSSR"
11.9. –	nachmittags – Jena Ost, 13 Flugblätter: Gegenüberstellung von DDR-Zeitungsartikeln
12.9.–	Sonnenbergstraße, 10 Flugblätter mit gegenübergestellten DDR-Zeitungsartikeln

Die verschiedenen Flugblattfunde[146] reichten von Tage nach der ČSSR-Besetzung bis Mitte September – einige Akteure blieben anonym und auf freiem Fuß und konnten darum vermutlich auch an mehreren Tagen in Aktion treten. Mehrere Flugblatt-Verfasser konnte die Staatssicherheit nicht finden, obwohl sie mit einem Operativ-Vorgang „Banditen" bis ins Jahr 1972 intensiv nach ihnen suchte.[147] Im Dezember 1968 war im Rahmen dieser Er-

---

[146] BStU, MfS, HA IX, 12.739, Bl. 679; BV Gera, SLK, 0018, Bl. 10ff.
[147] BStU, MfS, BV Gera, AOP 230/72.

mittlungen noch ein Theologie-Student verhaftet worden, der offenbar bereits im März 1968 Proteste gegen den DDR-Verfassungsentwurf vorbereitet hatte.

Die politische Botschaft der am 25./26. August mit einem Kinderdruckkasten hergestellten Flugblätter lautete:

„*Okkupanten raus aus der ČSSR!*
Unterstützt das tschechoslowakische Volk
— *hoch lebe Dubček!*"[148]

An ihr waren fünf 17-jährige Jugendliche beteiligt. Sie war für die Akteure wohl am folgenreichsten und endete in mehreren Haftstrafen, weil einer der Jugendlichen seinem (unbeteiligten) Bekannten davon erzählt und dieser dann auf Aufforderung seiner Verwandten eine Aussage gegenüber der Polizei gemacht hatte. Letztere ermittelte die Namen aller Beteiligten und die Staatssicherheit inhaftierte die Betreffenden in der Stasi-Haft-Anstalt Erfurt. Im Herbst 1968 verhängte das Bezirksgericht Haftstrafen gegen die Beteiligten zwischen 20 und 30 Monaten, die im Dezember in Bewährungsstrafen umgewandelt wurden.

Am 27. August lief eine kleine Gruppe jugendlicher Arbeiter durch die Saalbahnhofstraße, die im Sprechchor „Viva Dubček, Viva Dubček" riefen. Die sechs Rufer kamen direkt von der Schott-Baustelle und wollten zum Zug. Unterwegs kamen sie mit einem Kampfgruppen-Mann, dem das nicht passte, ins Gespräch und ins Gehege. Die Polizei griff ein und gegen drei Beteiligte kam es sofort zu Ermittlungsverfahren und Haft wegen „Rowdytum".[149] Dieser § 215, bei dem ein Strafmaß bis zu zwei Jahren drohte, war seit 1968 neu im DDR-Strafrecht.

Es gab auch im Jenaer Stadtgebiet mehrere politische Wandinschriften – zum Beispiel in der Bahnhofsunterführung, an einem Kiosk am Zeiss-Planetarium („Freiheit für die ČSSR"), in Gaststättentoiletten.

---

[148] BStU, MfS AS 629/70, Bd. 4b, Bl. 55, HA IX, 12743, Bl. 29 und anonymisierte Personenakten-Auszüge.
[149] BStU, MfS, HA IX, 12.739, Bl. 655; BStU, ZA MfS, AS 629/70, Bd. 1, Bl. 59.
[152] BStU MfS IX, 12743, Bl. 47; BStU, MfS, HA IX, 12.739, Bl. 1234.

Aussage des 17-jährigen Verfassers der Flugblattaktion „Okkupanten raus":

> „Über den Text gab es zu diesem Zeitpunkt noch keine klare Vorstellung. Sinngemäß wurde von beiden dargelegt, dass das Flugblatt enthalten müsste, dass die ‚Besatzungstruppen' aus der ČSSR raus müssten und die Sympathie für Dubček darin zum Ausdruck gebracht werden müssten.
> Ich selbst habe mich an diesem Abend sofort bereit erklärt, an der Herstellung derartiger Flugblätter mitzuwirken. [...]
> Wie bereits gesagt, habe ich noch am gleichen Abend den Text für die Herstellung der von uns geplanten Hetzflugblätter entworfen und in meinem Zimmer drei Stempel zusammengestellt mit jeweils einer Losung."
>
> BStU, BV Gera, Personenakte, Bl. 21f. (Die Staatssicherheit protokollierte oft nicht wörtlich das Gesagte.)

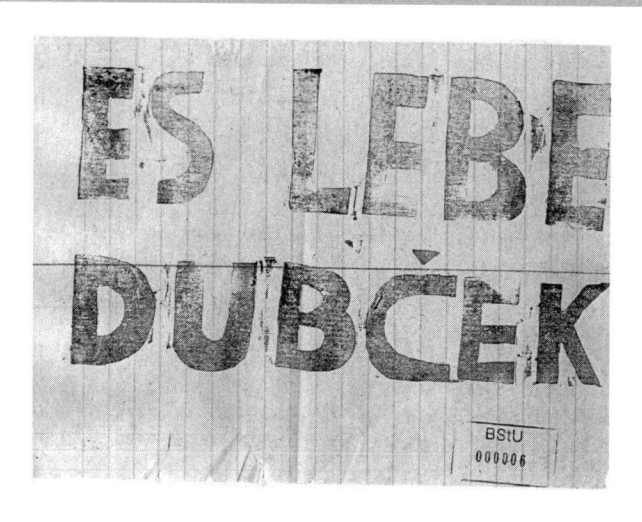

Gera

„Nieder mit dem Faschisten Ulbricht" – Das stand in dem Text, den zwei Jugendliche aus der Arbeiterstadt Gera am 23. August auf ihre 250 Flugblätter schrieben.[152] Ihr Urlaub in die ČSSR, von dem sie am 13. August heimkehrten, hatte sie wohl dazu ermutigt und sie meinten, dass Änderungen mit einem Staats- und Parteichef Ulbricht nicht vorstellbar waren. Am 23. August riefen sie beide– der 18-jährige Schlosser und sein 20-jähriger Freund – außerdem im Schlachthof an und riefen dem Betriebsleiter immer wieder ins Ohr: „Nieder mit Walter Ulbricht." Am 26. August hatte einer der beiden damit begonnen, die 250 Flugblätter zu verteilen und war daraufhin verhaftet worden. Wenn die Staatssicherheit den zweiten Jugendlichen erst zwei Wochen später inhaftierte, so spricht das dafür, dass sein Kumpel ihn im Verhör nicht verriet. Dem zweiten Jugendlichen erlegte das Bezirksgericht zwei Jahre Haft wegen „staatsfeindlicher Hetze".

Nicht minder öffentlich – und dementsprechend riskant – war die Aktion eines Grundschullehrers in Gera. Er hatte sich am 24. August weiße Ölfarbe besorgt, um in 40 cm großen Buchstaben an eine Mauer (nahe dem Textil-Großhandel) seinen politischen Willen kundzutun: „Freiheit für Dubček". Doch er entkam nicht mehr weit vom „Tatort", die Polizei nahm ihn fest und übergab ihn und sein Schicksal ans Geraer Stasi-Untersuchungs-Gefängnis Amthordurchgang.[154]

Bereits am 22. August hat es „Freiheit für Dubček"-Flugblätter an mehreren Stellen in der Stadt gegeben. Und ob die Geraer Stasi-Offiziere herausbekamen, wer am 25. August Geras Straßen mit weiteren Flugblättern schmückte, ist nicht bekannt.[156] Auf jeden Fall betätigte sich die Einsatzgruppe auch intensiv mit den amtlich eingesammelten A5-Blättern, auf denen es hieß: „Es lebe Dubček" und „Russen raus".

---

[154] BStU, MfS HA IX 12.739, Bl. 119f; BStU, MfS, AS, 629/70, Bd.1, Bl. 540.
[156] BStU. MfS, HA IX, 12.739, Bl. 442.

Dass die Proteste auch in Gera bis in den September hineinreichten, zeigte sich mitten auf dem Bahnhof und zwei Tage später an Toreinfahrten. Mit Kreide wurde auch diesmal Walter Ulbricht attackiert – sofort nach amtlicher Entdeckung wurde der Schriftzug entfernt und die Transportpolizei legte einen Ermittlungsordner an, der vermutlich aber sehr dünn blieb.[158]

Niederschrift eines 20-Jährigen, der Ulbrichts Amtsentfernung forderte, während der Stasi-Haft:

„Gera, 18.9.1968
Wie denke ich über meine Tat?
Am 26.8.1968 stellte ich Flugblätter, die sich gegen die Maßnahmen in der ČSSR richteten, her und verbreitete sie. Damals hatte die Partei schon mein Vertrauen verloren, womit ich die Verhältnisse in meinem Betrieb meine.
Als ich von den Maßnahmen der Warschauer Paktstaaten erfuhr, war ich entsetzt. Ich war der Meinung, dass dem Volk aus der ČSSR genau solch Unrecht angetan wird, wie man es mir antat. Ich hasse den Krieg und jede andere militärische Operation, vor allem, wenn deutsche Soldaten dabei sind.
In diesen Tagen war ich kein Mensch mehr, sondern ein Tier. Der Jähzorn packte mich und so hatte ich diese Tat begangen, was ich jedoch erst später richtig begriff, weil es in meinem Kopf drunter und drüber ging.
Erst Tage danach wurde es mir klar, dass ich eine strafbare Handlung begangen hatte, welche unserem Staat geschadet hat. Jetzt bereue ich meine Handlung sehr..."
BStU, BV Gera, Personenakte, Bl. 94.

---

[158] BStU, MfS, HA IX, 12.739, Bl. 1110.

Saalfeld

In Saalfeld waren es vor allem zwei Flugblätter die – zumindest bei den Staatsorganen – allerhand Wirkung zeitigten und mehrere Staatsdiener fast ein ganzes Jahr lang komplett beschäftigten.[159] (Zum Aufwand bei der Suche nach dem „Täter" vgl. Kapitel 5.1.)
Am 24.8. um 21 Uhr gefunden:

> „*Freiheit für Dubček und das Volk der ČSSR! Wir fordern – Abzug der NVA aus der ČSSR – die Wahrheit in der Presse und dem Rundfunk – Zurückhaltung und Nichteinmischung in die inneren Angelegenheiten der ČSSR – Wiedergutmachung und Hilfe zur Beseitigung der entstandenen Schäden – Solidarität und Internatiolismus mit dem im Generalstreik um einen fortschrittlichen Sozialismus kämpfenden Volk und der gesamten Arbeiterklasse der ČSSR – Um das Ansehen unserer Republik und unseres Volkes zu retten!*"

Am 25.8. morgens gefunden:

> „*Freiheit für Dubček und das tapfere Volk der ČSSR !!!*
> *Raus mit den Aggressoren (UdSSR, DDR, Polen, Ungarn, Bulgarien !!!*
> *Eine freie wahrhafte Demokratie und einen fortschrittlichen Sozialismus in der ČSSR!!!*
> *Schluß mit der Kolonialmacht der SU !!*
> *Sozialismus ohne Unterdrückung ohne Brutalität und ohne Lügen!*
> *Das Volk der ČSSR bekundet durch einen Generalstreik das es geschlossen und tapfer zu Dubček und seiner Regierung steht, und den Abzug der fremden Truppen fordert, die die Freiheit ersticken und morden !!!*"

---

[159] BStU, MfS, BV Gera, AKG SLK 0001 (Flugblattfunde). Operativvorgang der KD Saalfeld, BStU, MfS, BV Gera, AOP 986/69.

Römhild / Kreis Meiningen

Am 23. August zogen zehn Jugendliche durch die mitternächtlichen Straßen Römhilds und sangen lauthals im Chor[160]:
„Mit dem Pinsel in der Hand
schreiben wir an die Wand:
Dubček hier und Dubček dort,
jagt die Russen wieder fort."
Das war ihre Antwort auf einen zuvor erfolgten ideologischen Bearbeitungsversuch und ging – vielleicht deshalb oder vielleicht auch, weil die örtlichen Funktionärsgebräuche moderater als anderswo waren – einigermaßen „glimpflich" aus.
Vor ihrem Gesang waren Hans-Dieter, Gerhard, Dietmar, Harald, Gerhard, Karl, Thomas, Rudi, Bernd und Harald direkt aus der HO-Gaststätte „Deutsches Haus" gekommen, wo die für Jugendfragen zuständige Genossin Ro. aus der Kreisverwaltung Meiningen einer Gesprächsrunde über die örtliche Jugendarbeit vorsaß.
Während die Genossin die Jugendlichen darüber „aufklären" wollte, was sie über die ČSSR-Ereignisse zu wissen und zu denken hätten, hatten diese ihre Gegenargumente. Diplomatisch „*äußerten [sie], ob die Partei nicht interessiert sei, die Meinung der Jugend zu kennen, wie sie über die Lage in der ČSSR denkt*" und kritisierten sie, „*dass die 5 soz. Staaten sich gegen die UNO-Beschlüsse vergangen hätten*".
Die Polizei verzichtete auf Ermittlungsverfahren, beteiligte sich aber an den „Aussprachen" die mit allen Jugendlichen von den Meininger SED-Kreisfunktionären, der Ratsangestellten Rosenzweig und den Eltern mit vereinten Kräften durchgeführt wurden.
Im Ergebnis der Aussprachen, hinter denen immerhin das Drohpotential der Strafparagraphen 106 und 220 stand, hieß es: „*Alle Jugendlichen sahen die Verwerflichkeit ihrer Tat ein und beteuerten, dies nicht in feindlicher Absicht getan zu haben.*"

---

[160] BStU, MfS, BV Suhl, AKG, 12, Bd. 3, Bl. 177f., 206; BStU, MfS, AS, 629/70, Bd.1, Bl. 590ff.

4.5. Die andere Seite: Funktionäre und Denunzianten

Aus allen Regionen, vielen Betrieben, verschiedenen Bevölkerungskreisen bekamen die Funktionäre und „Sicherheitsorgane" Informationen über Flugblätter, Meinungsäußerungen und protestierende „Vorkommnisse". Das war undenkbar, hätte es nicht allerorten die offiziösen oder inoffiziellen Denunzianten gegeben. Funktionäre und Staatsdiener waren im SED-Staat naturgemäß Parteigänger jedweder SED-Entscheidung. Doch nicht nur sie allein standen den Protestierenden und den Diskutierenden gegenüber. Aus den Gefilden der Normalbürger agierte ebenfalls nun manch einer aktiv im Sinne der Rechtmäßigkeit der Okkupation und im Sinne des „Ordnung"-Haltens.

Agitatoren, SED- und Betriebsfunktionäre

Die Situation unter den Systemnahen war zwar nicht einhellig auf der Seite Ulbrichts, die SED-Informationspolitik war ein Dauerkritikpunkt und so mancher liebäugelte auch mit einer Reform von oben in der DDR. Auch örtliche SED-Spitzenfunktionäre sahen sich in Mühlhausen von der Okkupation und deren politischer Bedeutung überrollt und waren zunächst unfähig, ihrer „politisch-ideologischen" Befriedungsfunktion vor Ort gerecht zu werden. In allerhand Betrieben stand manch braver Parteigänger völlig allein, wusste oft weniger über das Geschehen in der CSSR und hatte kein brauchbares Agitationsargument zur Hand. Anders als während des 17. Juni blieben jedoch Polizei, Militär und Armee äußerst stabile Machtinstrumente der Staatsführung.

Politische Spannungssituationen sind bekanntlich auch dazu prädestiniert, Parteigängerschaften und deren Existenzinteressen intensiv zu bündeln, so dass der Funktionärsstaat innerhalb kurzer Zeit wieder flächendeckend stabil war (und sich dabei sogar wechselseitig disziplinieren konnte). Die SED-Leitungen hielten von Anfang an engen Kontakt zu Sicherheitsorganen. Innerhalb weniger Tage wurde auch die Ideologie-Maschinerie gegenüber der normalen Bevölkerung wieder auf Hochtouren gebracht, wobei sich insbesondere die Sammlung von Zustimmungserklärungen als effektives Instrument zur Isolierung der Kritiker erwies.

Nicht nur die inhaltlich überzeugten Parteigänger beteiligten sich an der Verteidigung der Okkupation und der Diffamierung aller Kritiker, sondern auch viele, die sich zur Sicherung ihrer Karriere oder zum Schutz vor eigner Infragestellung pragmatisch für demagogisches Mitmachen entschieden.

Kreis-Sitzung der Lehrer-Gewerkschaft wertete Protestverhalten eines Lehrers aus, 27. August:

„Gen. ….: Wenn … darlegt, dass er aus Angst vor Repressalien seine Unklarheiten nicht ausgesprochen habe, dann ist dies eine Diffamierung aller Kollektive unseres Kreises, in denen die Kollegen gemeinsam um Klarheit ringen. Die Tatsache, dass er die Frontberichterstattung des Westfunks unseren Nachrichten vorzog, zeigt seine Einstellung. Unsere Informationsmittel sagen die Wahrheit und wenn etwas nicht restlos klar ist, dann schweigen wir lieber, während der Westen spekuliert und Verwirrung stiften will. Wir fordern daher im Namen von über 1000 Mitgliedern der Kreisorganisation unserer Gewerkschaft die fristlose Entlassung des Lehrers und die volle Härte des Gesetzes.

Gen …: Aus einem ähnlichen Geschehen an unserer Schule mit dem … ist es sehr wahrscheinlich, dass … sich nicht erst seit Januar mit dem Problem der ČSSR beschäftigt, sondern früher regelmäßig feindliche Sender abgehört hat. Wir distanzieren uns deshalb von ihm und fordern strengste Bestrafung.

Genn. ….: Seine Stellungnahme zeigt, dass er westlich orientiert ist. Wir müssen deshalb in Zukunft noch kritischer und wachsamer sein. …

Kolln. ….: Der Vorfall wurde in unserer Dienstbesprechung gründlich diskutiert, wir distanzierten uns und morgen wird jeder eine persönliche Stellungnahme abgeben."

BStU, MfS, BV Gera, Personenakte, Bl. 51f.

Im oben erwähnten Fall ging es um einen Pößnecker Lehrer, der sich in einer Protestlösung mir Dubček solidarisiert hatte und gegen den sofort ein Disziplinarverfahren eingeleitet worden war.

Das unten genannte Beispiel betrifft eine der typischen Gerichtsverhandlungen, wie sie im Herbst in großer Zahl überall in ähnlicher Weise abliefen.

Beide Beispiele belegen, wie effektiv die Diffamierung von Protestierenden schon bald wieder funktionierte.

Betriebsvertreter in Gerichtsverhandlung gegen jungen Flugblattschreiber, 31. Oktober:

„Das gesamte Betriebskollektiv unserer Druckerei stand voll und ganz hinter den Beschlüssen und Erklärungen unserer Partei und Regierung zu den Ereignissen in der ČSSR. ... Völlig entgegengesetzt dazu verhielt sich der Angeklagte ... Alle Betriebsangehörigen verurteilen auf das schärfste dieses Verhalten.

Nach Bekanntwerden wurden in allen Bereichen Kurzversammlungen durchgeführt, in denen persönliche Stellungnahmen das Vertrauen zur Politik unseres Staates zum Ausdruck gebracht und die Handlungsweise verurteilt wurden. ...

Wir verlangen vom hohen Gericht, dass es gegenüber dem Angeklagten eine dem verwerflichen Tun angemessene Strafe, entsprechend unseren soz. Gesetzen, ausspricht."

Prozess im Bezirksgericht Gera, 31.10/4.11.1968
BStU, BV Gera, Personenakte, Bl. 131.

Anzeigende von „politischen Straftaten"

Vor allem bei den Flugblattfunden wird die Bereitschaft von durchschnittlichen Bürgern zur Denunziation und Mitwirkung gegen Protest deutlich, denn nichts als eigene Motivation brachte einen Flugblattfinder dazu, dieses dem Funktionärsstaat zu übergeben. Erstaunlich viele Meldungen belegen das auch für die Tage unmittelbar nach der Niederschlagung des Prager Frühlings. In Saalfeld werden gleich zwei Einzelfunde sofort gemeldet:

> *„Am 24.8.1968 wurde im Verlaufe der Vormittagsstunden nahezu gleichzeitig bekannt, dass an zwei verschiedenen Stellen im Stadtgebiet von Saalfeld je ein Hetzflugblatt gefunden wurde.*
> *Der Bürger ... 1923 ... Betriebsingenieur ... parteilos ... gab in den Vormittagsstunden ... ein von ihm gefundenes Hetzflugblatt bei der Abt. Kriminalpolizei im VPKA ab.*
> *Der Bürger ... 1909 ... NDPD ... Einkaufs- und Liefergenossenschaft des Holz- und Tapezierhandwerks ... gab ungefähr zum gleichen Zeitpunkt ein Hetzflugblatt beim 1. Sekretär der SED-Kreisleitung Saalfeld ab."*
> *BStU, MfS, BV Gera, AOP 986/69, Bl. 19.*

Dieses Jenaer Beispiel vom 22. August zeigt, dass es auch 17-Jährige gab, die ihren Flugblattfund prompt der Polizei mitteilten:

> *„Beim zweiten Finder der gleichen Art Flugblätter handelt es sich um den Schüler ..., 1950, EOS „Johannes R. Becher". Er verließ am 22.8.68, gegen 21,30 Uhr die elterliche Wohnung und bemerkte beim spazieren gehen mit seiner Freundin ... auf der Treppe der Bahnunterführung ... zwei bis drei abgelegte Flugblätter. Er rief daraufhin die Abtlg. –K- an und sicherte mit seiner Freundin, bis zum Eintreffen der Einsatzgruppe der Abtlg. –K- den Tatort ab."*
> *BStU, BV Gera, Personenakte, Bl. 18f.*

Auch Postbeamte lieferten gefundene Flugblätter ab, wie dieser Mann aus dem Greizer Hauptpostamt:

> „Gegen 6.00 Uhr wurde die sogenannte ‚Frühbriefkastenleerung' angeliefert. Sie wurde durch den Kollegen ... und mich selbst sortiert. Etwa 10 Minuten später kam der Kollege an meinen Arbeitsplatz und übergab mir einen Zettel. Dabei fragte er mich, was das hier ist. Ich sah mir diesen Zettel an und stellte fest, dass es sich um eine Hetzschrift handelt. Sie richtete sich gegen die derzeitigen Maßnahmen zur Herstellung der Ordnung und Sicherheit in der ~~DDR~~ ČSSR. [...]
> Ich kann mich nur noch an die Worte ‚Freiheit' und ČSSR erinnern. Ein Teil der Beschriftung war in Großbuchstaben und gesperrt geschrieben. Ich habe bei diesem Blatt Papier aufgrund seines Textes sofort erkannt, dass es sich um eine Hetzschrift und Straftat handelt."
> *BStU, MfS, BV Gera, 1968, AU 842/68, Bl.85.*

In einer weiteren „Anzeige" wird deutlich, dass das Bekanntwerden von Funden bei weiteren Personen dazu führen konnte, dass es zur Meldung kam – mitunter ja womöglich auch aus Misstrauen über die politische Meinung untereinander:

> „Gegen 5,50 Uhr kam die Hilfskraft ... als erste Kollegin zum Kindergarten. Auf dem Weg zum Haupteingang bemerkte sie auf der 2. Treppe des für den Publikumsverkehr geschlossenen Vordereingangs des Kindergartens XI einen Zettel. Sie hob diesen Zettel auf und stellte fest, dass es sich hierbei um eine Hetzschrift handelte. ...
> Die Kollegin nahm die Hetzschrift an sich und zeigte sie im Kindergarten den später eintreffenden Kolleginnen .... Die Kollegin verständigte sofort die Sicherheitsorgane."
> *BStU, MfS, BV Gera, AOP 986/69, Bl. 11.*

Auf dem Flugblatt, das die Erzieherinnen für kriminell hielten, hatte gestanden: „Freiheit für Dubček und das Volk der ČSSR".

Inoffizielle Stasi-Mitarbeiter

Die Staatssicherheit bediente sich auch in den Augusttagen systematisch ihres bereitwilligen Spitzelnetzes, das so manche – strafrechtlich allerdings nicht direkt nutzbare – Information von Sympathisanten des Prager Frühlings „erarbeitete".
Der Tonband-Bericht des Greizer IM's „Ritzler" vom 22. August und der Treffbericht von dem in Plauer Jugend- und Kirchenkreisen tätigen IM „Otto Franz" zeigen, wie konkret die Informationen sein konnten. Auch diese selbstsprechenden Beispiele bedürfen wohl keiner weiteren Erläuterung:

> „Durch den IM ‚Ritzler' wurden folgende Meinungen und Diskussionen ... bekannt:
>
> Frau ..., Frau des entlassenen Volkspolizisten, ... beschäftigt im VEB Textilveredlungswerk Greiz äußerte: ‚Auf der einen Seite sind die Truppen in die ČSSR einmarschiert, um die Stärke zu beweisen, aber wir hier haben immer wieder Angst. Im Betrieb muss der FDGB und die Partei alle zwei Stunden Meldung über die Stimmung im Betrieb an den ‚Kreml' machen, weil die Angst haben. Das zeigt auch, dass man die Ausländer einfach einsperrt, die durch Greiz fahren wollen. Man schafft sie einfach in die Schule nach Pohlitz und lässt sie dort sitzen, wenn das drüben geschehen würde, wäre hier was los.' [...]
>
> Dr. ..., welcher im Verdacht steht, in der Poliklinik Losungen zu verändern äußerte dazu: ‚In Reudnitz wurde von einem Panzer eine Hausecke weggefahren und ein anderer fuhr mit seiner Kanone in ein Dach. Das wird bei uns einfach übersehen. Wenn es aber drüben passiert, sind bei uns lange Artikel in der Zeitung. Diese Schäden sind aber auch nicht verwunderlich, bei dem überstürzten Einmarschieren in die ČSSR. Zuerst waren es nur Manövertruppen und jetzt sind es Besatzungseinheiten. Es ist nur schade, dass bei dieser Besetzung auch die NVA eine Rolle mitspielt, denn bekanntlich

> wurde die ČSSR 1938 schon einmal unter ähnlichen Umständen besetzt wie heute. .... Des weiteren versucht er das Kommunique unseres ZK zu verdrehen, indem er ausführte: ‚Da schreibt man in der Zeitung, die Bevölkerung habe aufgeatmet, als die Truppen einmarschierten, in Wirklichkeit sorgt sich doch jeder.'"
>
> *BStU, MfS, BV Gera, (KD Greiz), „Ritzler", Teil II, Band 1, AIM 1261/75, Bl. 165f.*

Und in einem von mehreren Berichten von „Otto Franz" hieß es:

> „Beim Treff am 23.08.1968 wurde der IM mit die Probleme der ČSSR vertraut gemacht. Hierbei wurde dem IM speziell erklärt, wie er sich jetzt unter Jugendlichen zu verhalten hat.
> Er erhielt den Auftrag:
> Viel mit den Jugendlichen zusammenzukommen. Hierbei besonders mit ... Kontakt halten, da dieser laufend den Sender RIAS hört und auch seine negative Meinung offen zum Ausdruck bringt.
> Es wurde jedoch festgelegt, dass der IM selbst keine negativen Meinungen äußert.
> Ferner wurde angesprochen, dass der IM am 25.08.1968 um 10.00 Uhr in die Kirche geht um in Erfahrung zu bringen welche Äußerungen der Pastor ... zum ČSSR Problem zum Ausdruck bringt. Es ist bekannt, dass der ... nicht mit den Maßnahmen in der ČSSR einverstanden ist und eine negative Meinung hat, u. auch zum Ausdruck bringt.
> Am 25.08.1968 um 11.00 Uhr teilte der IM dann mit, was der Pastor geprädigt hat. Hierzu hat der IM einen Bericht gefertigt. Gleichzeitig übergab er einen Informationsbericht über das Auftreten und Äußerungen des ..."
>
> *BStU, MfS, BV Gera, AGI 209/77, A-Akte, Band 2, Bl. 25.*

Polizeihelfer

Eine vierte Gruppe von Bürgern, die sich nicht nur auf die Seite der Okkupationsbefürworter stellte, sondern auch indirekt oder direkt gegen deren Gegner tätig wurde, waren Polizeihelfer und Jugendliche, die in Form von „Ordnungsgruppen" auch die nächtlichen Stadtzentren durchliefen und somit den polizeilichen Überwachungsgrad des öffentlichen Raums erweiterten. Teilweise auch durch ihre Hilfe konnte die Polizei besonders in den Kreisstädten schneller die Straßenlosungen finden und beseitigen. In Jena z.B. sollten solche „Ordnungseinsätze" auch gegen die ständigen Flugblattfunde, die ebenfalls überwiegend nachts verteilt wurden, vorzugehen.

Die unten zitierte Aussage eines Jugendliche, der an solch einem nächtlichen Überwachungseinsatz teilnahm, führte ziemlich direkt und schnell zur Festnahme eines Lehrers, der seine Losungen an eine Mauer am Marktplatz angeschrieben hatte.

Polizei-Aussage eines 19-jährigen, gerade ausgelernten Buchdruckers M., 24. August:

„Am 23.08.1968 war ich mit einen Jugendlichen aus Ranis durch die FDJ-Ordnungsgruppen zu einen Streifendienst in Pößneck eingesetzt. Unsere Streifenstrecke verlief...Nach der Einweisung beim VPKA Pößneck begann unser Dienst um 24.00 Uhr und sollte bis 02.00 Uhr andauern. ... Wir liefen das Streifengebiet ab und setzten uns dann am Viehmarkt links vom Feuerwehrhaus hin. ... Um das Kennzeichen nicht zu vergessen, malte ich es gleich in den Sand. Ich ging sofort zum Pförtner des VEB Polymer und verständigte das VPKA über die 110."

BStU, MfS, BV Gera, Personenakte, Bl. 13

5. Reaktionen der DDR-Organe auf Proteste

5.1. Staatssicherheit und Polizei

Ab 20./21. August liefen die Sicherheitsorgane Stasi und Polizei auf Hochtouren. Innerhalb weniger Stunden herrschte thüringenweit „volle Einsatzbereitschaft". Die von überall eingehenden Meldungen über offen geäußerte Kritik, Wand- und Straßeninschriften, Flugblattfunde, Demonstrationsaufrufe wurden zentral erfasst und mit Priorität in einzelne Ermittlungsverfahren –durch die Kriminalkommissariate oder die Kreisdienststellen – übergeleitet. Die meisten Informationen landeten zunächst bei der Polizei. Die wiederum stand allerorts regelmäßig im Kontakt zu den Stellen der Staatssicherheit, denen alle Meldungen über anonyme Flugblattfunde, Inschriften etc. zugänglich waren.

Die Ermittlungen der Kriminalpolizei (überwiegend des Dezernats II) liefen intern unter dem Code „Aktion Wasserfall".

Die Mitwirkung der Staatssicherheit erfolgte unter dem Code „Aktion Genesung". Als erste Thüringer Bezirksverwaltung hatte die Geraer Staatssicherheit eine besondere „Einsatzgruppe" geschaffen, die in Windeseile diverse Ermittlungen gegen Unbekannt übernahm, vor allem in Gera und militärischen Sperrbezirk in Ostthüringen.

Die Zuordnung der Ermittlungsverfahren scheint auch systematisch erfolgt zu sein – so behielten die Kreis-Kriminalpolizisten fast immer die öffentlichen Kritiker, während die Flugblatt-Protestler in der Stasi-Verhörzimmern auch dann landeten, wenn sie von der Kripo gefunden wurden.

Schon wenige Tage nach dem Truppeneinmarsch, als sich die anonymen Proteste, die öffentlichen Inschriften und die Flugblätter landesweit zu häufen begannen, intensivierte man auch die Zusammenarbeit von Kriminalpolizei und Staatssicherheit. Ermittlungen zu Flugblättern und Inschriften wurden nunmehr häufig von beiden gleichzeitig bearbeitet, wie aus Vorkommnisberichten aller drei Bezirke hervorgeht.

Die Tatsache, dass es heute fast nur noch Akten über die von der Staatssicherheit „bearbeiteten" Akteure gibt, führt oft vorschnell dazu, dass das Ausmaß der Volkspolizei bei der politischen Strafverfolgung übersehen und unterschätzt wird. Tatsächlich aber war die Zahl der politischen Polizeihäftlinge 1968 keineswegs kleiner als die der Staatssicherheit. Von den 80 politischen Strafverfahren, die zu Anklagen führten und bei denen die Untersuchungsführung bekannt ist, wurden 42 durch die Staatssicherheit und immerhin 38 durch die Polizei bearbeitet. (Vgl. Tabelle III im Anhang) Es gab zwar mehr Verfahrensübergaben von der Polizei an die Staatssicherheit, aber auch umgekehrte Übergaben. Ein größerer Prozentsatz der Ermittlungen richtete sich zunächst gegen Unbekannt. Mit kriminalistischem Repertoire antwortete der SED-Polizeistaat prompt auf jedes Flugblatt, jede Straßeninschrift, jede anonyme Protestäußerung. Bei langwierigeren Ermittlungen arbeiteten Kriminalpolizei und Staatssicherheit zusammen, wie auch ab 29. August in Weimar nach einem Flugblatt-Fund. Ermittlungsschritte wurden sofort eingeleitet:

> *„Durch die Analysierung der Tatorte und Einschätzung der Wegstrecke besteht die Möglichkeit, dass der oder die Täter in einem Bereich in der Stadt Weimar unter jugendlichen Gruppierungen zu suchen ist bzw. sind. Daraus machten sich folgende Maßnahmen erforderlich:*
> *Aufklärung eines Kreises von Jugendlichen, welche am 27.8.68 negativ in Erscheinung getreten ist*
> *Aufklärung einer männlichen Person, welcher durch einen Streifenposten der VP an einem dieser Tatorte gesehen wurde.*
> *Analysierung eines Personenkreises vom Ausgangspunkt des Tatortes 1."*
> *BStU, MfS, BV Erfurt, Personenakte, Bl. 11.*

Innerhalb weniger Tage – nach umfänglichen Personenüberprüfungen und Schriftfahndungen – fand und verhaftete man den Flugblatt-Verfasser. Sein handschriftlich ausgefülltes Personalausweis-Formular war ihm zum Verhängnis geworden.

Alle im September noch unbekannten Jenaer Flugblatt-Verfasser wurden bis 1972 großflächig ermittelt – ein Theologiestudent wurde dadurch leider noch verhaftet, andere blieben anonym:

> *"Tatortarbeiten und Untersuchungen der Flugblätter:*
> - *Tatortbefundsbericht (illustriert)*
> - *Fährtenhundeeinsatz (Bericht und Bildschema)*
> - *Weg-Zeit-Diagramm*
> - *Kriminaltechnische Untersuchung der Flugblätter durch Komm. IV des VPKA Jena und der BDVP Gera*
> - *Untersuchung durch Abteilung 32 des MfS*
> - *Begutachtung der Flugblätter durch IM ‚Alfred', ... [alles Drucker o. Grafiker[*
> - *Befragung und Alibiüberprüfung in den HOG ...*
> - *Befragung und Alibiüberprüfung der Erstfinder ...*
> - *Befragung und Alibiüberprüfung der Schichtarbeiter ...*
> - *Ermittlungen, Befragungen und Überprüfung von Personen, die zur vermutlichen Tatzeit im Tatortbereich gesehen wurden, durch die Abteilung K*
> - *Rundumermittlungen im Tatortbereich durch Abt. K*
> - *Ermittlung aller im Tatortbereich anwesenden ČSSR-Bürger und deren Überprüfung...*
>
> *Folgende offiziellen Maßnahmen wurden eingeleitet:*
> - *Befragung der zuverlässigen Quellen der AG VIII der D Jena durch die Abteilung K.*
> - *Überprüfung des Personenkreises aus dem Tatortbereich, der a) zu den Ereignissen in der ČSSR negativ angefallen waren, b) dem Reisen in die ČSSR abgelehnt worden waren. (Abt. K)*
> - *Befragung und Überprüfung der Personen aus den Einrichtungen der Post, Unikliniken, RAW, die zum vermutlichen Tatzeitraum den Tatortbereich begehen mussten. (Abt. K)"*
>
> *Maßnahmeplan für Operativvorgang „Banditen", AOP 230/72, KD Jena, ab 19.9.68 bis 21.3.72*

Die Linie XX der Jenaer Kreisdienststelle hatte schon seit Jahren ihre Argusaugen auf die Jenaer Studentenschaft gerichtet. Hatte die Operativ-Offiziere 1958 eine massive Verhaftungswelle gegen den „Eisenberger Kreis" eingeleitet, so beobachteten sie ein Jahrzehnt später den ESG-Vertrauensstudenten, der Verbindungen der ESG zur ČSSR aufbauen wollte, den Deutsch/Geschichts-Studenten, der anonyme ČSSR-solidarisierende Protestbriefe verschickte, oder eine ähnlich denkende „negative Gruppierung" unter den Physikstudenten.[161]

Auch in Saalfeld gab es zwei Flugblattfunde, die die örtlichen Sicherheitsorgane fast ein ganzes Jahr lang beschäftigten.[162] Direkt *„wurden eingesetzt: 6 Genossen der Abt. K und 4 Genossen der KD"*, die mit Hilfe von Vorgesetzten, Funktionären und Kollegen unendliche Arbeitstage verbrachten

– mit Zeugenvernehmungen, Einsicht in Kaderunterlagen, Personalbefragungen, Befragen der Briefträger, Auswertung der Streifenbücher, verstärkter Streifentätigkeit, Hundeführereinsatz, Überprüfung

– mit systematischer Überprüfung und Schriftvergleichsproben bei diesen Personengruppen: Beatkapellen, negativ angefallene Personen aus Info-Berichten bei Stasi und Partei (einschließlich Maxhütte), Reichsbahn, Ausreiseantragsteller, Junge Gemeinden, Sängerknaben, Berufsschulen,

– mit Überprüfungen aller Hotelübernachtungsscheine im Stadtgebiet, sämtlicher Schülerakten der EOS nach Vergleichsschriften, Grobsichtung der Meldekartei von PM nach ähnlichen Schriften, Erarbeitung eines Fragebogen (mit Kreisschulrat) und dessen Ausfüllen durch 2000 Schüler in Druckschrift, Überprüfung von 2.500 Einreiseanträgen für Westverwandte, Auswertung von Besucherbucheinträgen einer Kunstausstellung und von 6.000 Briefen am Radio DDR „Helle Köpfe-heiße Herzen"

Im Juli 1969 wurden diese Ermittlungen mangels *„erschöpfter"* Möglichkeiten vorläufig eingestellt – der Flugblattschreiber blieb

---

[161] BStU, MfS, HA XX, AKG, 804, Bl. 141.
[162] BStU, MfS, BV Gera, AOP 986/69 der KD Saalfeld.

glücklicherweise inkognito. Der Ermittlungsaufwand ähnelte wohl dem im berühmten „Kreuzworträtsel-Fall", bei dem wenigstens nach einem echten Straftäter gefahndet worden war. Zweieinhalb Wochen nach der ČSSR-Besetzung hatten die Ermittlungen DDR-weit folgenden Umfang erreicht: 404 MfS-Ermittlungsverfahren und 550 Polizei-Verfahren (mit 386 Polizei-U-Häftlingen) gegen namentlich bekannte Bürger.[163] Hinzu kamen noch zahlreiche Ermittlungen gegen Unbekannt, die bei den Kreisstellen der Staatssicherheit und der Kriminalpolizei geführt und teilweise erst zwei Jahre später eingestellt wurden.

DDR-weit hatte die Staatssicherheit bis Mitte September insgesamt 384 Ermittlungsverfahren laufen, von denen einige schon abgeurteilt waren. Zum 18. September befanden sich noch 276 Menschen in einer der 17 Stasi-U-Haftanstalten – davon wiederum 229 wegen „staatsfeindlicher Hetze", 36 wegen „Staatsverleumdung" und nur einer mit einem kriminellen Strafgrund.[164] Die obersten Stasi-Strafermittler resümierten diesbezüglich:

> *„Der Abschluss der Ermittlungsverfahren nach § 106 StGB (staatsfeindliche Hetze) ... erfolgt in der Mehrzahl in den Fällen, wo der Täter mit der Zielstellung handelte, die sozialistische Staats- und Gesellschaftsordnung zu schädigen oder gegen sie aufzuwiegeln und seine Handlungsweise objektiv geeignet ist, diese Zielstellung zu erfüllen ... [sowie auch dann], wenn der Täter nur eine begrenzte Zielstellung hatte, seine Handlungen jedoch vom äußeren Geschehen, dem Umfang und der Intensität der Tatbegehung her zu staatsschädigenden und aufwieglerischen Ergebnissen führen konnte."*
>
> *BStU, MfS, HA IX, 12.738, Bl. 97.*

Es wurde lediglich Abstand genommen von der Strafverfolgung derjenigen Jugendlichen, die offenbar *„unter dem Einfluss von Hintermännern handelten".*

---

[163] BStU, MfS, HA IX, 12.738, Bl. 107, 127.
[164] BStU, MfS, HA IX, 12.738, Bl. 94f.

Etwa jedes dritte MfS-Strafverfahren – und damit im Grunde auch jeder dritte Stasi-U-Häftling – gehörte im DDR-Querschnitt zur Gruppe der Schüler, Lehrlinge und Studenten. Jeder Fünfte war jünger als 18 und zwei Drittel nicht älter als 24.[165] Auch hier bestätigt sich also, dass die „1968er" Jugendlichen den Kern der politischen Akteure bildeten und dass es zunächst auch Ziel und Wille des SED-Staates war, diese explizit dafür zu bestrafen.

In den Thüringer Bezirken hatten die Stasi-Strafverfahren in den ersten zweieinhalb Wochen bereits folgenden Umfang erreicht:

Erfurt	29	23 „Hetze"	4 „Staatsverleumdung"
		1 Landesverrat/Fluchtversuch	
		1 Widerstand gegen Staatsgewalt	
Gera	12	9 „Hetze"	3 „Staatsverleumdung"
Suhl	12	8 Hetze	2 Fluchtversuch,
		1 „Spionage"	1 Waffenbesitz

Inklusive der parallel laufenden Polizei-Verfahren war die Anzahl mehr als doppelt so hoch.

Auch nach dem 25. September wurden noch über hundert politische Strafverfahren durch die Staatssicherheit bearbeitet und zur Aburteilung vorbereitet – die Hälfte nach längeren Ermittlungen gegen Unbekannt, die andere Hälfte aufgrund noch immer laufender Protestaktionen gegen den ČSSR-Einmarsch.

Anfang Oktober entstand in der MfS-Auswertungszentrale ein Entwurfspapier für eine MfS-Kollegiumssitzung, laut dem „*die große Bedeutung des Eingreifens* gar nicht hoch genug eingeschätzt werden kann" und eine „*Verschwörung der äußeren und inneren Feinde und ihr Zusammenwirken*" behauptet wurde.[166]

Anfang Dezember wurden alle Straf-Statistiken der Polizei- und Stasi-Stellen noch einmal zusammengeführt, so dass sich – nur bezüglich der nicht anonym gebliebenen Proteste und ohne diejenigen, die nach „Aussprachen" sofort ad acta kamen – folgendes Bild für die DDR ergibt[167]:

---

[165] BStU, MfS, HA IX, 12.738, Bl. 107.
[166] BStU, MfS, ZAIG, 4725, Bl. 2, 8.
[167] BStU, MfS, HA IX, 12.738, Bl. 142ff.

- Gegen 1290 Bürger wurden Strafverfahren geführt, davon 60 Prozent (= 784) bei der Kriminalpolizei, Transportpolizei und Volksarmee sowie 40 Prozent (= 506) bei der Staatssicherheit.
- In fast allen Fällen (= 92,7 %) lauteten die Strafgründe „Staatsverleumdung" oder „staatsfeindliche Hetze".
- Zwei Drittel der Bestraften waren jünger als 24 Jahre (davon 21 % unter 18, weitere 21 % zwischen 18-20).
- Über zwei Drittel der bestraften Proteste wurden in den ersten vier Tagen nach der Okkupation geäußert.

Im Januar 1969 erstellte die Stasi-Hauptabteilung XX mit ihrem DDR-weiten Blick eine „Zusammenfassende Einschätzung der politisch-operativen Lage unter jugendlichen Personenkreisen", laut der der Prager Frühling „*nicht ohne Wirkung*" blieb und sich das (stasi-deutsch gesprochen) sachlich zeigte „*in der absoluten und relativen Erhöhung des Anteils jugendlicher Personen an staatsfeindlichen Handlungen ... [und] an der direkten Teilnahme einzelner jugendlicher DDR-Touristen an konterevolutionären Ausschreitungen in der ČSSR bzw. an Versuchen solcher Personen zur Einschleusung von Hetzmaterial*" und personell zeigte durch „*a) die Erhöhung des Anteils von Jugendlichen, die über eine höhere Bildung und einen größeren Intelligenzgrad (wie Oberschüler, Studenten u.ä. Kategorien) an diesen Handlungen, b) das zunehmende staatsfeindliche Auftreten reaktionärer klerikaler Kräfte unter der Jugend der DDR*".[168]

---

[168] BStU, MfS, HA XX, Nr. 804, Bl. 205ff., unten ausführlich; S. 209-11.

5.2. Vorgehen der DDR-Justiz

Die in politischen Strafverfahren tätigen DDR-Juristen hatten in den letzten Jahren ihre von der SED geforderte rechts- und machtpolitische Funktion stets erfüllt. Seit Anfang 1968 verfügten sie auch über ein zuvor vielfach gefordertes Strafgesetzbuch, Prozessrecht und eine Gerichtsverfassung, das die Grundlage für massives strafrechtliches Vorgehen gegen Andersdenkende ebenso bot wie eine formell seriös erscheinende Rechtspraxis.

DDR-Generalstaatsanwalt Streit verfasste kurz nach der Okkupation – leider ohne Datumsangabe – seine erste „vertrauliche" Dienstanweisung, worin er festlegte, dass Protest intensiv zu ermitteln und anzuklagen sei – und zwar mittels der Strafparagraphen 106/108 (Hetze), 101/102 (Terror) oder in niedrigeren Stufen 220 (Staatsverleumdung), 140 (Beleidigung), 214 (Beeinträchtigung von Staat/Gesellschaft) und 217 (Zusammenrottung). Er wies auch an, dass die Justiz generell schärfer vorgehen soll:

„5. Verleumderische Äußerungen gegen die an den Maßnahmen in der ČSSR beteiligten sozialistischen Staaten können rechtlich nach § 220 StGB (Staatsverleumdung) gewürdigt werden, da diese Äußerungen sich immer zugleich gegen die Maßnahmen von Partei und Regierung der DDR richten. [...]

7. Die Haftpraxis muss entsprechend der Gefährlichkeit der Tat [..., auf] Täter, die Handlungen mit provokatorischem Charakter begangen haben, konzentriert werden. Es gibt Anzeichen dafür, dass diese Prinzipien nicht genügend beachtet werden. [...]

9. Verfahren, in denen Täter demonstrativ Äußerungen zugunsten Dubčeks oder anderer Personen in der Öffentlichkeit getan haben, sind sorgfältig zu ermitteln. [...]"[169]

Am 4. September folgte seine zweite Geheim-Anweisung, in der er ausdrücklich nochmals betonte, dass „*zu garantieren* [ist], *dass in allen notwendigen Fällen Inhaftierungen vorgenommen werden*" und die Rechtsmöglichkeiten „*voll auszuschöpfen*" sind.[170]

Am 10. September bekräftigt Streit nochmals die Forderung nach scharfer Auslegung der Rechtsnormen:

---

[169] BStU, MfS, AS 629/70, Bd. 4 b, Bl. 206.
[170] Ebenda, Bl. 213f.

„Durch die gründliche Analyse der vorliegenden Ermittlungsverfahren ist im Rahmen der operativen Anleitung zu sichern, dass Erscheinungen der
- *Unterschätzung der gegenwärtigen Situation,*
- *Überbewertung der Persönlichkeit des Täters,*
- *ungerechtfertigten Anwendung von Gründen außerordentlicher Strafmeldung und*
- *schematische Anwendung von Maßnahmen der strafrechtlichen Verantwortlichkeit*

vermieden werden."[171]

Die Genossen Staatsanwälte und Richter vor Ort waren taktische Anweisungen zur Rechts-Auslegung gewohnt. Sie setzten dies auch in Thüringen zügig in die Praxis um. Im Urteil gegen 16/17-jährige Jugendliche, deren nichtöffentlicher Strafprozess Ende September stattfand, steht die – sehr typische – Strafbegründung:

„Das Verhalten der drei Angeklagten war rechtlich als staatsfeindliche ... zu qualifizieren. Wie sich aus ihren Äußerungen und dem Auftreten gegenüber den Touristen der ČSSR ergibt, verfolgten sie das Ziel gegen die sozialistische Staats- und Gesellschaftsordnung aufzuwiegeln. Sie bedienten sich dabei der Methode, die in den Hetzsendungen den konterrevolutionären und antisozialistischen Elementen empfohlen wurde und machten sich zum Sprecher der von Bonn gelenkten friedensfeindlichen und gegen die sozialistischen Staaten gerichtete Politik. Sie forderten zum Widerstand gegen die Maßnahmen des soz. Staates auf und diskriminierten Bürger der DDR und die Maßnahmen der staatlichen Organe. Da sich die Handlungen nicht nur gegen die Staats- und Gesellschaftsordnung der DDR richteten, sondern auch gegen andere soz. Länder, vor allem gegen die Sowjetunion, war in Verwirklichung der Prinzipien des soz. Internationalismus die Bestimmung des § 108 StGB heranzuziehen."

BStU, MfS, BV Erfurt, Personenakte, Bl.270f.

---

[171] Ebenda, Bl. 201ff.

Die Strafgefängnisse füllten sich in nur wenig Wochen mit Hunderten kritischer DDR-Jugendlicher. Andere wurden mit strengen Arbeitsauflagen auf Bewährung verurteilt. Einige – wie ein 16-jähriger Erfurter Flugblattverteiler – wurden vom Gericht ohne Strafbemessung ins „Jugendhaus" geschickt – mit dem Vermerk: *„Die Schwere der Tat erfordert eine empfindliche Strafe."*[172]
Spitzfindigkeiten gab es für die DDR-Justiz nicht. Das galt auch für die Bewertung der Dubček"-Äußerungen. Dubček, dessen Name für den Prager Frühling stand, war ja am 27. August von Moskau freigelassen und formal im Amt bestätigt, so dass er nun eigentlich wieder ein „befreundeter Staats- und Partei-Chef" war. Die Dubček-Sympathisanten galten aber weiterhin als „Hetzer". Die Erfurter Richterin Stähr machte in ihrer Urteilsbegründung sehr deutlich, wie die DDR und die SED damit umgingen:

> *„Der Angeklagte war der Auffassung, dass Dubček ein Vertreter derjenigen Kreise in der ČSSR sei, der eine enge Bindung zum Westen anstrebe, eine allgemeine Pressefreiheit gestatte, [...]*
> *Er hat die Losung gemalt, weil Dubček eine repräsentative Rolle, d.h. im Sinne der Konterrevolution, spielte. Er wollte dadurch erreichen, dass andere Personen dazu angehalten würden, darüber nachzudenken, dass es auch Menschen in unserer Republik gibt, die mit der Hilfeleistung der soz. Staaten für die ČSSR nicht einverstanden sind und dagegen protestieren oder auf irgendeine Weise ihre Ablehnung zum Ausdruck bringen.*
> *[Daher ...] ist der Senat der Auffassung, dass die Losung zur Zeit der Tat staatsfeindliche Hetze darstellte, da damals die Vermutung bestand, dass Alexander Dubček konterrevolutionäre Bestrebungen in der ČSSR duldet bzw. unterstützt und deshalb von den Feinden des Sozialismus Sympathieerklärungen abgegeben wurden, ..."*
> *9. Sept., BStU, MfS, BV Erfurt, Personenakte, Bl. 160f.*

---

[172] BStU, MfS, BV Erfurt, 1968 (anonymisiert verwendete Personenakte, Aktennummer liegt der Verfasserin vor), Bl. 183.

Auch der Schleizer Kreisgerichtsdirektor Seitz fand hanebüchene Argumente zur Haft für einen 17-jährigen Flugblattverfasser:

„Er war demzufolge auch fähig, sich zum Zeitpunkt der Entscheidung zur Tat von den Regeln des gesellschaftlichen Zusammenlebens leiten zu lassen. Diese Regeln sehen entsprechend den Regeln der sozialistischen Demokratie vor, dass alle wichtigen Grundfragen der pol. und ges. Entwicklung unserer Republik und den befreundeten soz. Staaten gemeinsam mit der Bevölkerung beraten werden. Das ist im konkreten Falle auch im Zusammenhang mit den Ereignissen in der ČSSR in Einwohnerversammlungen, u.a. auch in Mühltroff, am 22.8.1968 geschehen.
Der Angeklagte hätte Gelegenheit gehabt, sich durch Besuch dieser Einwohnerversammlung von bewussten Bürgern unseres Staates bei der Beseitigung seiner Unklarheiten helfen zu lassen."
BStU, MfS, BV Gera, AU 1305/68, Gerichtsakte, Bl.58ff.

In vielen Prozessen wird die Geisteshaltung die SED-Juristen auch durch Ablehnung verminderter Schuldfähigkeit offenkundig:

„Seine Handlungsweise war objektiv geeignet die soz. Staats- und Gesellschaftsordnung zu schädigen bzw. andere Bürger gegen sie aufzuwiegeln. Der Angeklagte hat auch vorsätzlich gehandelt, da er sich bewusst zu der im gesetzlichen Tatbestand bezeichneten Tat entschieden hat. Die staatsfeindliche Zielsetzung seines Handelns kommt insbesondere in seinen Überlegungen zum Ausdruck, dass er die von ihm geplante Protestdemonstration in Gegenwart führenden Repräsentanten unseres Staates stattfinden sollte. Der Angeklagte war sich in diesem Zusammenhang auch bewusst, dass es bei einer Zusammenrottung von gleichgesinnten Jugendlichen zu Ausschreitungen kommen konnte."
BStU, MfS, BV Erfurt, Personenakte, Bl.36.

Anklagetext von Bezirksstaatsanwalt Dahms:

"So behauptete er, dass in der CSSR gar keine konterrevolutionäre Gefahr bestünde, sondern die Regierung dieses Landes nur eine von der Sowjetunion unabhängige Politik anstrebe. .... In diesem Zusammenhang unterstellte er der Regierung der DDR, nicht selbständig handeln zu können, sondern nur ‚die Anweisungen Moskaus auszuführen'. In der CSSR habe sich eine Freiheitsbewegung entwickelt, an deren Spitze sich der 1. Sekretär des ZK der KPC Dubček gestellt habe. Diese Bestrebungen wolle die Sowjetunion unterdrücken und habe deshalb den anderen soz. Ländern befohlen, mit ihr gemeinsam die CSSR zu besetzen, Dubček verhaftet und nach Moskau gebracht. Dabei erging der Beschuldigte sich in der Behauptung, dass die Bevölkerung der CSSR die Hilfe der soz. Länder ablehne und sich deshalb mit Waffengewalt zur Wehr setze."

BStU, BV Erfurt, Personenakte, Bl. 51f.

Richter Ketzel zur Urteils-Begründung für zwei Jahre Haft wegen „Hetze", September 1958:

*„Bestimmend für die Strafzumessung war der Umstand, dass der Angeklagte in einer Zeit, in der die imperialistischen Mächte die ideologische Diversion in besonders verstärktem Umfang organisierten, um die ČSSR aus dem sozialistischen Lager herauszubrechen, Bürger der Deutschen Demokratischen Republik aufforderte, eine feindliche Haltung zu den Maßnahmen der fünf soz. Bruderländer vom 21.8.1968 einzunehmen. ...
Nach Auffassung des Senats ist es notwendig, dem Angeklagten, aber auch anderen [!!!] Bürgern die Schwere und Verwerflichkeit derartiger Straftaten und die Unantastbarkeit der sozialistischen Staats- und Gesellschaftsordnung bewusst zu machen."*

BStU, BV Erfurt, Personenakte, Bl. 117

Zwei Tage vor Weihnachten 1968 wurde die Haftstrafen von 315 verurteilten und inhaftierten Jugendlichen kurzfristig in Bewährungsstrafen umgewandelt – darunter 36 aus dem Bezirk Erfurt, 8 aus dem Bezirk Gera und 3 aus dem Bezirk Suhl.[173] Unter diesen 47 Thüringer Jugendlichen befanden sich immerhin drei 15-Jährige, drei 16-jährige und dreizehn 17-Jährige, die ungeachtet ihrer Nicht-Volljährigkeit vor Gericht gezerrt worden waren.

Grundlage dieser Haftumwandlung – und damit der Rücknahme der staatsanwaltlichen „Hart-Durchgreifen-Parole" – war eine neue „vertrauliche" Dienstanweisung von Generalstaatsanwalt Streit vom 19. Dezember. Darin befahl er nunmehr:

„Die im Zusammenhang mit den Maßnahmen vom 21. August 1968 sich in Untersuchungshaft befindlichen Täter im Alter bis zu 20 Jahren, sind unverzüglich aus der Untersuchungshaft zu entlassen bzw. gemäß § 349 StPO [Bewährung] ohne Beiziehung eines Führungsberichtes aus dem Strafvollzug zu entlassen. ... Gegenüber jugendlichen Tätern sind geeignete Erziehungsmaßnahmen zu veranlassen. ... Die zuständigen Abteilungen Inneres sind über den entlassenen Personenkreis zu informieren und anzuhalten, wirksame Kontrollmaßnahmen einzuleiten."[174]

Der Befehl sollte bis 31.12 von allen Empfängern vernichtet werden – in der Stasi-Zentrale hielt man sich nicht daran.

Hintergrund des strafpolitischen Umschwenks und auch der Geheimnistuerei war höchstwahrscheinlich die bundesdeutsche DPA-Meldung über zahlreiche politische DDR-Strafverfahren gegen Jugendliche vom 7. Dezember. Von einer gewollten Amnestie für Dubček-Akteure konnte jedenfalls keine Rede sein. Zur selben Zeit liefen bei der Erfurter und der Suhler Staatsanwaltschaft jeweils noch drei Strafprozesse gegen andere Akteure.[175]

---

[173] BStU, MfS, AS 629/70, Bd. 4 a, Bl. 6ff. 36 Jugendlichen aus dem Bezirk Erfurt, 8 aus dem Bezirk Gera und 3 aus dem Bezirk Suhl. DDR weit liefen Strafverfahren im Zusammenhang mit Anti-Okkupations-Aktivitäten gegen 31 Jugendliche unter 16 sowie 68 16- bis 18-Jährige, von denen insgesamt 60 verurteilt, 23 angeklagt und 7 noch in Bearbeitung waren. Ebenda, Bl. 132ff.

[174] Ein nicht vernichtetes Exemplar dieser Anweisung befindet sich unter: ebenda, Bl. 93ff.

[175] BStU, MfS, AS 629/70, Bd. 4a, Bl. 15ff., S. 41ff.

6. Systematische Überwachung der Jugend – eine Folge des Prager Frühlings?

Nicht nur für einzelne Studenten waren Prager Frühling und Okkupation auch im November 1968 noch ein Thema. Unter den Ilmenauer Studenten, die im 2. Studienjahr im Lager Wilhelmsthal einen „militärischen Lehrgang" absolvieren mussten, „*kam es vorwiegend mit diesen Studenten zu längeren, teils harten und unsachlichen Diskussionen .... Schwerpunkte der Diskussion waren u.a.: War es nötig einzugreifen? Wir haben von der Konterrevolution nichts gesehen! Der Informationsfluss und Wahrheitsgehalt unserer Presse wurde stark angezweifelt. Inhalt und Wesen der Konvergenztheorie[176]. Rolle der Globalstrategie und der ‚neuen Ostpolitik'. In all diesen Fragen konnte keine endgültige Klarheit geschaffen werden.*"[177]

Im Erinnerungswissen mancher Zeitzeugen gut bekannt, aber in den Sachakten kaum dokumentiert sind die Einschnitte in die Biografien junger Menschen, die von ihren Bildungs- und Berufsaussichten abgeschnitten wurden – durch Exmatrikulation oder indirekter durch staatsbürgerkundlich verschlechterte Zeugnisse. Die TH Ilmenau z.B. exmatrikulierte Ende 1968 einen Studenten, der zunächst in Berlin mit Christa Wolf und anderen „*im antisozialistischen Sinne tätig geworden*" war und dann in Ilmenau die „2000 Worte" vervielfältigt und verteilt hatte.[178]

Wie ordnen sich die staatlichen Reaktionen auf die jugendlichen Proteste gegen den Truppeneinmarsch in die Grundzüge der SED-Jugendpolitik nun ein?

Vor 1965 herrschte einer Phase gewisser Offenheit gegenüber Beat, Bands und unpolitischem Anderssein. 1963 äußerte das

---

[176] Als „Konvergenztheorie" galt die in den 60er Jahren verbreitete Auffassung einer Annäherung der Systeme des Kapitalismus und des Sozialismus. Das widersprach dem SED-Weltbild, demzufolge beide Systeme substanziell gegensätzlich seien und der Kapitalismus zwangsläufig durch revolutionäre Zerstörung von Sozialismus und Kommunismus abgelöst werde.
[177] BStU, MfS, BV Suhl, AKG, 12, Bd. 5, Bl. 129.
[178] BStU, MfS, BV Suhl, AKG, 12, Bd. 5, Bl. 131

Ulbrichtsche SED-Politbüro in einem Kommuniqué deutlich: *„Welchen Takt die Jugend wählt, ist ihr überlassen"* und 1964 brachte das Jugendradio DT64 den Beat in DDR-Medien. Doch 1965 traten zunehmend – auch in FDJ-Führungskreisen – die Gegner dieser jugendlichen Freiheiten auf den Plan, um den Kurs endgültig wieder in ein enges ideologisches Korsett zu führen. Da Hunderte Jugendliche drei Wochen nach dem kurswendenden ZK-Beschluss „Über einige Fragen der Jugendarbeit und das Auftreten von Rowdygruppen" ihr Missfallen in Form einer Beat-Demonstration am 31. Oktober 1965 im Leipziger Stadtzentrum äußerten, konstatierte die SED sofort eine angespannte Situation, die wiederum die polizeistaatlichen Strukturen mobilisierte.

Im Mai 1966 – die erstgeborenen DDR-Kinder waren gerade im zarten Alter von sechzehneinhalb – verbreitete Minister Mielke innerhalb der Staatssicherheit seinen Befehl zur *„politisch-operativen Bekämpfung der politisch-ideologischen Diversion und Untergrundtätigkeit unter jugendlichen Personenkreisen der DDR"*.[179] In diesem Befehl 11/66 ging es darum, die von der SED-Norm für Weltbilder und Lebensformen abweichenden Jugendtrends nicht nur zu überwachen, sondern auch mit dem speziellen Stasi-Arsenal zu bekämpfen.

Das sollte umgesetzt werden „auf allen Linien"
- durch ständige Sammlung und Auswertung von Fakten
- durch eng verknüpfte Zusammenarbeit mit Polizei/Behörden
- durch Bildung neuer besonderer Arbeitsgruppen in allen Bezirken (mit monatlichen Lage-Besprechungen)
- durch örtlich angepasste Umsetzung in den Kreis-Stellen
- durch „Maßnahmepläne"
- durch halbjährliche Berichte jedes DDR-Bezirks an Mielke.

Bis Ende 1966 sollten die Anzahl und Einsatzmöglichkeiten von IM's, die kirchlichen Treffmöglichkeiten Jugendlicher, Polizeire-

---

[179] Befehl Nr. 11/66, BStU, MfS, VVS 008 Nr. 366/66, der in über 500 Exemplaren in den Stasi-Diensteinheiten verbreitet wurde. Die später häufig zitierte Dienstanweisung 4/66 (meist fälschlich „Befehl 4/66" genannt) ist quasi die Umsetzung dieses Befehls in den Vor-Ort-Dienststellen – Mielke schrieb: *„Die auf der Grundlage dieses Befehls von mir erlassene DA 4/66 ist in allen operativen Diensteinheiten zu erläutern und auszuwerten."*

gistrierung Jugendlicher aufgelistet und intensiver bearbeitet werden.[180] Außerdem bildeten alle Stasi-Bezirksverwaltungen zur *„Sicherung einer störungsfreien Entwicklung aller Jugendlichen"* bezirksweite Arbeitsgruppen, die monatlich zusammenkamen. Das lief in Richtung einer Vernetzung von Stasi-Jugend-Beobachtern der Linie XX, Stasi-Strafverfolgern der Linie IX und Stasi-Polizei-Koordinatoren der Linie VII.[181] Aber auch Informationen zu Jugendlichen aus den Bereichen Verkehrs-, Wirtschafts- und Reiseüberwachung sollten gebündelt werden.

In den Folgemonaten 1966-68 wurde dieser neue Arbeitsauftrag Mielkes zu einem unter vielen in der Staatssicherheit, von den permanent wachsenden Aufgaben zur Gesellschaftsüberwachung überlagert und von deren praktischen Diskrepanzen relativiert. Laut einer Analyse vom Dezember 1967 befasste sich die Staatssicherheit zunächst vordergründig mit Westkontakten, Westmedienempfang und Fluchtversuchen von Jugendlichen, mit „unzuverlässiger" IM-Werbung Jugendlicher unter Haft- oder Heimbedingungen, während hinsichtlich einer systematischen Überwachung erst von Anfängen die Rede war.[182] Nicht zu unterschätzen war allerdings bereits die vom Befehl 11/66 initiierte Zusammenarbeit zwischen Stasi-Untersuchungsorgan und Kriminalpolizei. Und die relativ hohe Aufklärungsquote anonymer jugendlicher Proteste gegen die ČSSR-Okkupation (vgl. Kapitel 4 und 5) dürfte auch eine Folge dieser 1966-68 etablierten Kooperation gewesen sein. Ende August 1968 hieß es beispielsweise seitens der Erfurter Staatssicherheit:

„Bei dem auf dem Anger und in den Gaststätten verkehrenden Jugendlichen handelt es sich nicht um organisierte Gruppierungen und ausgesprochene ‚Gammlertypen'. Trotzdem wurde dieser Konzentrationspunkt ständig durch IM der BV, KD sowie der VP unter Kontrolle gehalten."[183]

---

[180] BStU, MfS, BV Gera, BdL, 1292, Bl. 6ff.
[181] Vgl. Befehl 11/66 mit späterem Bericht vom Dezember 1967, ebd., Bl. 23.
[182] BStU, MfS, BV Gera, BdL, 1292, Bl. 20ff.
[183] Sinngemäß: ‚durch Informanten der Stasi-Bezirksverwaltung (BV), Stasi-Kreisdienststelle (KD) und durch die Volkspolizei (VP) beobachtet'. BStU, MfS, AS 629/70, Bd. 7, Bl. 346.

Am 2. September 1968 schrieb Erich Mielke seinen Leitungskadern in allen Bezirksverwaltungen, dass sie die „Dienstanweisung 4/66" (identisch mit dem oben genannten Befehl 11/66) unbedingt mit neuem Leben und neuen Anstrengungen ausfüllen sollen.[184] Da in den Folgetagen – unter Auswertung des jugendlichen Anteils am Protest – keine weitergehenden Beschlüsse folgten, wird hier deutlich, dass der Überwachungsstaat und sein erster Mann kein Bedarf sahen, etwas Neues in Sachen unangepasste Jugend zu installieren, und ihnen die Forderung nach umfangreicher Umsetzung des bereits Befohlenen genügte.

Dass aus diesem Mielke-Brief mehr als eine der üblichen volltönenden Aufforderungen zur Arbeitsverbesserung wurde, zeigte sich dann 1969 – zum Beispiel in den Papieren der Geraer Abteilung XX, also der regionalen Leitstelle für die Überwachung des gesellschaftlichen Lebens. (siehe unten)

Kurz nach Jahreswechsel 1968/69 – etwa drei Wochen nach Umwandlung der Hetze-Strafurteile gegen Jugendliche in Bewährungsstrafen mit Arbeitsplatzzwang – verfasste die FDJ-Zentrale[185] den Beschluss, gegen „*labile und gefährdete Jugendliche*" vorzugehen und darunter vor allem gegen „*die sehr kleine Zahl junger Menschen, die sich nicht um eine sozialistische Klassenposition bemühen und völlig unter dem ideologischen Einfluss des Gegners stehen. Einige von ihnen vertreten, mehr oder weniger fest organisiert, feindliche Konzeptionen gegen die DDR.*"[186] Der Bezug zu den 1968er Protesten ist eindeutig: „*Besonders in politisch zugespitzten Situationen treten Gruppen labiler und gefährdeter Jugendlicher verstärkt in Erscheinung, kommt es zu Zusammenrottungen und neuen Gruppenbildungen, die nicht selten Ausgangspunkt für politische Schmierereien, Provokationen*

---

[184] BStU, MfS, VVS 619/68, BdL/Dok., 1087, Bl. 1ff.

[185] FDJ war die SED-Jugendorganisation, in der DDR-Jugendliche fast automatisch Mitglied wurden. Der Führungskreis war das Sekretariat des Zentralrats. 1. Sekretär war stets ein SED-Spitzenkommunist, wie Erich Honecker 1955 oder Egon Krenz. 1968 war Günter Jahn 1. FDJ-Sekretär.

[186] Der Beschluss beginnt mit einem Leitsatz, der irritierend an NS-Demagogie erinnert: „*Wir fühlen uns für die ideologische Gesundheit der gesamten Jugend verantwortlich.*" GVS 12/69, ein Exemplar davon unter: BStU, MfS, BV Gera, KD Jena, 1837, Bl. 7f.

und Verbrechen sind." Der Beschluss plante nicht nur eine systematische, sondern auch eine gesamtstaatlich organisierte Kontrolle unangepasster Jugendlicher, denn es wurde gefordert, *„mit den staatlichen Organen und allen gesellschaftlichen Kräften ... zusammen[zu]wirken."*

In allen Bezirken und Kreisen entstanden Kommissionen (mit Stasi, Polizei, Verwaltung etc.), um diese Jugendlichen systematisch in Listen zu erfassen.

Fast genau ein Jahr nach der ČSSR-Okkupation listete die Polizei ihre *„labilen und gefährdeten Jugendlichen"* auf.[187] 233 junge Menschen waren „erfasst", gegen 123 von ihnen liefen „Maßnahmen", die außer von der Kripo auch durch „Inneres", die „Jugendhilfe", die FDJ, die Betriebe, die Staatsanwaltschaften und sogar einen Gerichtsdirektor umgesetzt wurden.

Die „Maßnahmen" waren im Einzelnen:

Kripo & Stasi: 6 Strafverfahren[188], 3 weitere Ermittlungsverfahren, 16 Ordnungsstrafen, 7 Stasi-Ermittlungen, 22 „Aussprachen"

Kreisämter für Inneres: 21 „Erziehungsprogramme",
18 „Aussprachen

Ämter für Jugendhilfe: 9 „Erziehungsprogramme",
4 Heimeinweisungen, 13 „Aussprachen"

weitere 29 Aussprachen durch die FDJ, im Betrieb oder durch Juristen.

Zwar war der 20. DDR-Jahrestag ein „Aufhänger"[189] dieser Aktivitäten, aber ihre Umsetzung erfolgte eindeutig langfristig und ging über den 7. Oktober 1969 hinaus.

---

[187] BStU, MfS, BV Gera, KD Jena, 1837, Bl. 83.
[188] Aus einem Dokument vom 29.10.1969 geht hervor, dass das Verfahren nach „§249 Störung der öffentlichen Ordnung und Sicherheit durch asoziales Verhalten" waren und teilweise „Arbeitserziehung" verhängt wurde – (unter haftähnlichen Bedingungen, aber jenseits der offiziellen Strafrechtlichkeit.
[189] Diese Erfassungen unangepasster Jugendlicher liefen u.a. auch im Rahmen der Stasi-Aktion unter dem Code „Jubiläum", die jedwede öffentliche Äußerung gegen die 20-jährige DDR-Erfolgsgeschichte und deren propagandistische Begleitkampagnen (Wettbewerbe, FDJ-Erfolge etc.) „vorbeugend"

Ende Oktober 1969 hatte die Geraer Bezirks-Stasi, die ja eng mit der Polizei zusammenarbeitete, bereits 292 Jugendliche erfasst, mit der einschränkenden Anmerkung: *„diese Zahl vermittelt noch kein klares Bild".*[190] Diese Jugendlichen – davon einige nur wegen ihrer langen Haare – wurden in den „Kerblochkarteien" der Staatssicherheit erfasst, in der Regel auch polizeilich und in den Kreiskommissionen registriert. Ergänzend vermeldete Hauptmann Frey von der Geraer Stasi-Abteilung XX: *„Ein erheblicher Teil steht durch IM unter operativer Kontrolle."* Und im perspektivischen Maßnahmeplan, den Frey am gleichen Tage festlegte, wurde kein Hehl daraus gemacht, dass die konspirativ ermittelten Stasi-Informationen ziemlich unkonspirativ verwendet werden sollten: *„Die erarbeiteten Informationen sind in geeigneter Form der Kommission zu übermitteln, um dieser die Grundlage für die Einleitung weiterer Erziehungsmaßnahmen zu geben."*[191]

Im Dezember 1969 forderte Chef Weigelt auf der Geraer Stasi-Dienstkonferenz nochmals die „verstärkte Kontrolle" an Hoch-, Fach und Oberschulen – also unter den perspektivisch systemtragenden Jugendlichen – sowohl betreffs unerwünschter politischer Äußerungen wie auch betreffs ausländischer Kontakte auf jeder denkbaren Ebene.[192] Auch in den anderen Bezirken tat sich ähnliches:

Die Staatssicherheit suchte auf allen Linien nach „labilen" Jugendlichen, beobachtete sie und lancierte ihre Erkenntnisse an diverse Behörden und Organisationen.

Als ordnungshütender Hauptakteur gegenüber den Jugendlichen agierte allerdings die Polizei. Sie spielte oft die wichtigste vermittelnde Rolle bei Festlegung der jeweiligen „Maßnahme" (die von der Aussprache über die „Erziehungsmaßnahme" bis hin zur Haft reichen konnte) und arbeitete in engster Abstimmung mit

---

    verhindern sollte und für die man auch Äußerungen Jugendlicher befürchtete. Auch die „1. Durchführungsbestimmung zum Befehl 11/6" vom 8.8.69 bezog sich auch auf den 20. DDR-Gründungstag. BStU, MfS, VVS 500/69.
[190] BStU, MfS, KD Jena, 1837, Bl. 298ff.
[191] Ebenda, Bl. 296f.
[192] Ebenda, Bl. 6f.

Schulleitung/Betriebsleitung, „Inneres", „Jugendhilfe", Justiz und Haftvollzug zusammen. Parallel dazu entwickelte sich das „Jugendhilfe"-System weiter (mit „*Spezialheimen zur Umerziehung von erziehungsschwierigen und straffälligen Minderjährigen*")[193], das jene Kinder und Jugendlichen übernahm, die – direkt oder noch potentiell – gegen das SED-Gesellschaftsmodell und die für sie vorgesehene politisch-inaktive Arbeits-Bürger-Perspektive rebellierten.

Damit war – spätestens 15 Monate nach den Protesten gegen die ČSSR-Okkupation – eine systematische gesamtgesellschaftliche Überwachung der unangepassten DDR-Jugend etabliert, die bis ins letzte DDR-Jahr fortgeführt wurde. In ihrem Rahmen erfolgten zahlreiche Maßregelungen, wurden Beobachtungsvorgänge geführt und noch weit mehr polizeilich-gerichtliche Strafverfahren mittels Asozialen-Paragraph oder „Erziehungsmaßnahmen".

Dieses systematische System von Jugendüberwachung und Jugendmaßregelung war keineswegs „die Folge" der jugendlichen Solidarisierungen mit dem Prager Frühling – doch um eine wichtige SED-Folgerung der Prager Frühlings- bzw. Ostberliner Wintertage handelte es sich wohl. Denn das Sichtbarwerden jugendlicher Distanzen zum SED-Gesellschaftsmodell und latenter Protestbereitschaften einerseits und das „Vollwerden" der DDR-Gefängnisse mit jugendlichen „Hetzern" und „Staatsverleumdern" innerhalb weniger Tage andererseits, stellte für die SED-Führung offensichtlich ein Problem dar, das diese nicht mit ihren herkömmlichen Strafmethoden der 50er Jahre lösen wollte, sondern – aus selbstbewusster Perspektive der Recht habenden Machthaber – mit einem gesellschaftsweit abgestimmten System diffizil abgestufter Droh-, Erziehungs- und Strafmaßnahmen, das auf Vereinzelung und Verunsicherung der offen kritischen Jugendlichen einerseits und auf Verwerflichkeit und auf Verführung anpassungsgeneigter Jugendlicher andererseits setzte.

---

[193] Mit der Jugendhilfeverordnung 1966 wurden staatliche Eingriffsrechte erhöht, Jugendhilfeausschüsse konnten Heimerziehung ohne Justizentscheid „anordnen". Seit dem StGB 1968 waren Gerichte auch offiziell außen vor.

Fachschul-Funktionär (=Stasi-IM „Römer") über „Aussprache" mit Jugendlichem, August 1968:

„Unmittelbar nach dem 21.8.1968 (ca. 8 Tage später) hatte ich mit dem ... eine Aussprache über sein bisheriges politisch-moralisches Verhalten. Von meiner Seite wurde ihm unmissverständlich klar gemacht, dass wir solche Leute wie ihn persönlich auf unseren Hoch- und Fachschulen nicht dulden, weil sie bzw. er Träger klassen- und staatsfeindlicher Absichten sind.

Er sagte, dass er das einsehen würde, aber es gäbe auch keine Freiheit, eine absolute sowieso nicht.

Nachdem ich ihm versucht hatte beizubringen, dass man die Frage nach Freiheit mit der Frage „Für wen" verbinden und stets vom Klassenstandpunkt betrachten müsse, gab er mir recht.

Im Gespräch brachte er zum Ausdruck bzw. stimmt zu:

- *Sein Verhalten war das eines politischen Rowdys*
- *Er hat sich in propagandistischer Form feindlich zu unserem Staat verhalten*
- *Er sieht ein, dass er auf der Fachschule nichts zu suchen hat.*
- *Sein politisches Wissen ist völlig unzureichend, um selbst einfache Probleme richtig erkennen zu können*
- *Sein Lebenswandel und seine Arbeitsmoral sowie seine gesamte politische Einstellung müssen sich gründlich und schnell mit Hilfe des Arbeitskollektivs verändern*
- *Sein Umgang mit Jugendlichen, die negativen Einfluss auf ihn ausüben, muss ebenfalls verändert werden.*

Zu diesen Schlussfolgerungen musste er jedoch durch mehrfache energische und konkrete Fragestellungen gebracht werden. [...] Offensichtlich hat er bei dieser Aussprache neben dem politischen Unsinn auch noch die Unverschämtheit besessen, Einsicht zu heucheln."

BStU, BV Gera, Personenakte, Bl. 94

Zum Nachwort

Von einem „Thüringer Frühling" sprechen zu wollen, wäre ziemlich unzutreffend, da die Schwelle eines offen agierenden, sich organisierenden, antidiktatorischen Jugendprotestes nie überschritten werden konnte. Ebenso unzutreffend aber ist ganz sicher eine Charakterisierung der gesamten DDR-Jugend als „Beobachter" zwischen westlichem Studentenprotest und östlicher Reformhoffnung.

Im näheren Blick auf die Proteste gegen die Niederschlagung des Prager Frühlings begegnet man überaus vielen Jugendlichen, die die DDR einerseits als „normal" sahen, weil sie die Welt war, die sie kennen lernten, und die andererseits mit Emotion und Courage für das eintraten, was ihnen als richtiger und veränderungswert erschien. Viele von ihnen wählten angesichts der polizeistaatlichen Hürden für politisches Engagement eine der machbaren Protestfomen, gingen ein persönliches Risiko ein und mussten teilweise – trotz der Strafumwandlungen im Dezember – einen hohen Preis zahlen. Ihnen gegenüber standen Gleichaltrige, die teilweise fanatisch, teilweise berechnend auf der Gegenseite standen und dazwischen eine Mehrheit, die – zumindest vorerst– passiv blieb und dann im Grunde keine Gelegenheit mehr bekam, Stellung zu beziehen.

Die Wahrnehmungen, Hoffnungen und Aktionen der Thüringer – und vor allem der Thüringer Jugendlichen – waren 1968 eher nach Osten (Warschau und Gdansk) und nach Südosten (Prag und ČSSR) gerichtet. Jedenfalls soweit dieser orientierende Blick auch von politischer Natur war. Wohin sie ihn nicht – oder nicht orientierend – richteten, waren die Studentenproteste im Westen Berlins, in Frankfurt etc., die Leitforderungen und Leitpersonen der «68er». Das hat wohl folgende Gründe:

Erstens waren Informationen nur vermittelt über die teilweise konservativ-kritisch berichtenden Westmedien erhältlich, da eigne Wahrnehmungen unmöglich waren. Kontakte zwischen bundesdeutschen 1968er Aktivisten und Thüringer Jugendlichen dürften die große Ausnahme gewesen sein.

Zweitens genügte Ulbrichts schnelle und offene Befürwortung – und sogar politische Instrumentalisierung – dieser Studentenproteste, um hierzulande eher Skepsis zu erzeugen. Bereits im März berichteten die SED-Medien positiv über die „sozialistische" Studentenbewegung und deren Kritik an bundesrepublikanischer Wirklichkeit, die freilich den DDR-Ideologen Wasser auf die propagandistischen Mühlen war. Während die westdeutschen Protestierenden eher einen demokratischen Idealsozialismus im Sinn hatten, kannten die ostdeutschen Jugendlichen den Realsozialismus.

Drittens unterschied sich die politische Konfliktlage im Osten und Westen Deutschlands deutlich. Das zeigt sich z.b. in der Frage der Informationsfreiheit, die im Osten eine Freiheits- und Generalfrage und im Westen eher eine Pluralitäts-, Bildungs- oder Karrierefrage war. Auch das im Westen attackierte „Establishment" gab es im Osten so nicht, statt dessen aber eine historisch neu geformte „Funktionärsklasse", die mittels pseudosozialer und herkunftsablehnender Moral- und Gesinnungsnormen ihre Geltungsansprüche durchzusetzen suchte.

Viertens unterschied sich die Bildungs- und Hochschullandschaft beider Staaten und die darin enthaltenen Konfliktpotentiale deutlich. So war – allein aufgrund der Abiturbeschränkungen – der Oststudent bereits politisch/sozial selektiert und gehörte zur autoritätsmäßig angepasstesten Jugendgruppierung.

Fünftens herrschten substanzielle Unterschiede für Protestverhalten aus polizeistaatlicher Sicht. Die Schwelle organisierter Eigenöffentlichkeit war im Osten unvergleichlich höher und bereits die bloße, aber offene Meinungsäußerung führte mit gewisser Wahrscheinlichkeit zur individuellen Maßregelung.

Äußerliche, ereignisbezogene Vergleiche der 1968er Ereignisse in Ost und West können insofern schnell zu irrigem Ergebnis führen. Auch beim Vergleich mit der Jugend im Nachbarland ČSSR ist zu bedenken, dass dort politische Bedingungen herrschten, die zeitweilig durch einen Reformprozess von oben über einen längeren Zeitraum entstanden waren.

Der „Zäsur" des 21. August wohnt dennoch eine Ost-West-Parallele inne – der Tag des Truppeneinmarschs in die ČSSR und die Beendigung des „Reformkommunismus" führte auf beiden Seiten des Eisernen Vorhangs zu einer spontanen, wenn auch kurzzeitigen Protestwelle und auf beiden Seiten war es das Ende mancher Hoffnungen auf etwas Erderwärmung in jenem Eiszeitalter.

Der Truppeneinmarsch war nicht nur eine Demonstration des Mächte-Status-Quo der Sowjetunion und ihres Satelliten-Militärpaktes. Er zementierte indirekt auch den SED-Politikkurs, einschließlich der SED-Jugendpolitik. Für die Jugendlichen im Osten Deutschlands, ihre Zukunft und ihren Lebensalltag hatte die umso intensivere Rückkehr in den etablierten Ordnungs- und Funktionärsstaat insofern durchaus starke Auswirkung.

Anders als die westlichen und auch die polnischen Studentenproteste wurden die kritische, protestierenden Wortmeldungen der Oberschüler, Lehrlinge, Jungarbeiter und anderen Akteure und Kritiker der ČSSR-Okkupation nur wenig wahrgenommen. Auch deshalb, weil es Ziel und Wille des SED-Staates war, alle Spuren des Protestes verschwinden und verschweigen zu lassen. Auch deshalb, weil die Wortmeldungen, obwohl sie andere mit aufrütteln sollten, an einer weitgehend an den Ordnungsstaat angepassten und reformhoffnungslosen Erwachsenenwelt herabglitt und dort ebenfalls auf Schweigen traf.

Die Aktionen blieben überwiegend Einzel- und kleinere Gruppenproteste , auch wenn sie spontan, vielfältig und keineswegs „vereinzelt" dem SED-Staat ein zweites Mal seine Illusion, ein Arbeiterstaat zu sein, vor Augen führten. Ein durch ihr weiteres Verschweigen herabsetzende Wertung haben sie jedoch auf keinen Fall verdient.

Anhang – Thüringer Übersichten

I. Übersicht über Flugblätter gegen Truppeneinmarsch
(soweit in Meldungen zentral erfasst)

II. Übersicht über Wand- und Straßen-Inschriften gegen Truppeneinmarsch – Thüringer Raum
(soweit in Meldungen zentral erfasst)

III. Auflistung verhängter politischer Haftstrafen gegen Thüringer Akteure, die gegen Okkupation und für den „Prager Frühling" protestierten

IV. Auflistung festgenommener Akteure, von denen nicht nachweisbar ist, ob sie zu Haftstrafen verurteilt wurden

Stand: I-II (Mitte September1968); III-IV (Ende 1968)

Daten: Von der Verfasserin zusammengetragen aus Akten der BStU: MfS, Hauptabteilung IX, AS-Akten, BV Erfurt, Gera, Suhl

Anmerkungen:

– Die Übersichten sind vermutlich nicht ganz vollständig – die Einzelfälle wurden verschiedenartigen Quellen entnommen; eine vollständige Übersicht existierte vermutlich nie; die damaligen Melde-Beziehungen zwischen Polizei – Stasi wurden örtlich wohl recht verschieden eingehalten.

– Die Auflistungen machen deutlich, dass eine Großzahl der Verurteilungen über die Polizei in den Gerichtssaal führte. Die Prozessunterlagen vieler dieser Verfolgungsfälle existieren vermutlich nicht mehr. Es kann noch einzelne weitere Fälle gegeben, die nicht mehr nachweisbar und seinerzeit nicht als MfS weitergemeldet worden sind.

– Die Haftstrafen der meisten Verurteilten, die unter 20 Jahre alt waren, wurden Ende Dezember in Bewährungsstrafen umgewandelt, nachdem die bundesdeutsche Nachrichtenagentur ADN eine Meldung über zahlreiche DDR-Verurteilungen Jugendlicher verbreitet hatte.

I. Übersicht über Flugblätter
(soweit von Findern bei SED oder Behörden „angezeigt" und in Meldungen zentral erfasst)

Tag	Ort	Texte (soweit genannt)
?	Gotha, Georgenthal	Ich verehre Dubček, Freiheit für die CSSR, viva Dubček; Ich hasse die Unterdrücker. Nieder mit ihnen
?	Erfurt	Das ist Freiheit, Besetzung der CSSR
21.08.	Weimar	
21.08.	Schleusingen	1. Ich fordere sie auf, gegen den Einmarsch der Truppen in der CSSR zu protestieren; 2. Russen raus, Freiheit für die CSSR, Russen, ihr Faschisten
21.08.	Gotha, im Kreisgebiet	Russen raus aus der ČSSR (mehrere Fundorte)
22.08.	Nordhausen	
22.08.	Gera	Es lebe Dubček, Russen rauss, Nieder mit der SED
22.08	Gera	Solidarität mit Dubček, Freiheit für A. Dubček
22.08.	Gera	Freiheit für Dubček
22.08.	Eisenach	Kommunisten weg - es lebe die CSSR
22.08.	Arnstadt	Raus aus der CSSR; Raus aus der CSSR, man muss sich schämen, ein Deutscher zu sein; Was macht Ihr in der CSSR, sollen wieder soviel Menschen ihr Leben opfern für einen nutzlosen Krieg
22.08.	Veilsdorf (Kr. Suhl)	Rettet A. Dubček
22.08.	Jena	Es lebe Dubček, Es lebe die ČSSR, 1938 - 1968 Deutsche Truppen in der ČSSR
22.08.	Gera	Vorsicht Flugblatt Verbreitung wird mit Zuchthaus bestraft
22.08.	Jena	Es lebe Dubček - es lebe die ČSSR (mehrere Funde, verschiedene Techniken)
22.08.	Greiz	Hände weg von der CSSR- wir fordern Abzug aller Truppen aus der CSSR, Freiheit und Frieden für alle Länder, keine Aggression in der CSSR
22.08.	Kranichfeld (Kr. Weimar)	Deutsche erwacht, geht raus aus der CSSR, befreit Dubček

Tag	Ort	Texte (soweit genannt)
23.08.	Gera	Nieder mit Walter Ulbricht
23.08.	Mühlhausen	
23.08.	Bleicherode (Kr. Nordhausen)	Lügen, die wir nicht gerne sehen - Ulbricht und die Russen sind schlimmer"
23.08.	Eisenach	Kommunisten weg, sie sind nur Dreck; Es lebe die CSSR - unterstützt nicht den gemeinsamen Überfall, kämpft gegen die Kommunisten
23.08.	Kranichfeld, Tannroda, München (Kr. Weimar)	
23.08.	Obertrebra (Kr. Apolda)	
23.08.	Suhl	Dubček; Mörder pfui - Willst Du nicht mein Bruder sein, schlag ich Dir den Schädel ein. Was macht Ihr
24.08.	Geraberg (Kr. Ilmenau)	Russen raus - es lebe die CSSR - gebt Dubček frei - es lebe der Friede
24.08.	Saalfeld	Es lebe Dubček
24.08.	Saalfeld	Freiheit für Dubček und das Volk der ČSSR! Wir fordern – Abzug der NVA aus der ČSSR – die Wahrheit in der Presse und dem Rundfunk – Zurückhaltung und Nichteinmischung in die inneren Angelegenheiten der ČSSR – Wiedergutmachung und Hilfe zur Beseitigung der entstandenen Schäden – Solidarität und Internatiolismus mit dem im Generalstreik um einen fortschrittlichen Sozialismus kämpfenden Volk und der gesamten Arbeiterklasse der ČSSR – Um das Ansehen unserer Republik und unseres Volkes zu retten!
24.08.	Martinroda (Kr. Ilmenau)	Freiheit für die CSSR, Russen raus, gebt Dubček frei
24.08	Culmitzsch (Kr. Greiz)	Freiheit für Dubschek und die ČSSR
25.08.	Weimar	
25.08.	Gera	Es lebe Dubček; Russen raus, nieder mit der SED
25.08.	Mühltroff (Kr. Schleiz)	Fordert den Abzug der Invasionstruppen aus der CSSR, Freiheit für Dubček
25.08	Gera	Roter Hitler ist Ulbricht, Zonenmachthaber, Überfalleinheiten Nazis raus
25.08.	Weimar	
25.08.	Greiz, Elsterberg, Gera	Russen raus aus der DDR und der CSSR

Tag	Ort	Texte (soweit genannt)
25.08.	Wiesenthal (Kr. Bad Salzungen)	Russen raus aus der CSSR, wir DDR-Bürger fordern: Truppen zurück - niemals einen Dritten Weltkrieg 2. Schrift: Wir wollen niemals mit einem Bruderstaat Krieg. Denke an 1939! Denkt an Ungarn 1956! Lasst euch nicht unterkriegen! Denkt an die Zukunft
25.08.	Erfurt	Freiheit für Dubček und das tapfere Volk der ČSSR!!! Raus mit den Aggressoren (UdSSR, DDR, Polen, Ungarn, Bulgarien!!! Eine freie wahrhafte Demokratie und einen fortschrittlichen Sozialismus in der ČSSR!!! Schluß mit der Kolonialmacht der SU!! Sozialismus ohne Unterdrückung ohne Brutalität und ohne Lügen! Das Volk der ČSSR bekundet durch einen Generalstreik das es geschlossen und tapfer zu Dubček und seiner Regierung steht, und den Abzug der fremden Truppen fordert, die die Freiheit ersticken und morden!!!
26.08.	Erfurt	Solidarität mit der CSSR, Abzug der Truppen, Hören westlicher Nachrichten
26.08.	Erfurt	Nicht genannt
26.08.	Gera	Es lebe Dubček, Russen raus, Nieder mit der SED
26.08.	Mühlhausen	Im roten Würgegriff 1953 in Deutschland: blutige Niederschlagung aller freiheitlichen Kräfte in der SBZ! 1956 in Ungarn: blutige Niederschlagung aller freiheitlichen Kräfte in Ungarn! 1968 in CSSR: blutige Niederschlagung aller freiheitlichen. Kräfte in der CSSR! Wollt ihr euch noch länger von dem roten Spitzbart unterjochen lassen???? Der rote Hitler heißt heute Ulbricht. Schlaft nicht noch länger!"
26.08.	Erfurt	
27.08.	Jena	Okkupanten raus aus der CSSR! Unterstützt das tschechoslowakische Volk - hoch lebe Dubček! – mehrere Funde
27.08.	Jena	Hände weg ... (auf einer abgepausten ČSSR-Landkarte) – mehrere Funde
27.08.	Gotha	
27.08.	Bad Salzungen	
27.08.	Liebschütz	

Tag	Ort	Texte (soweit genannt)
27.08.	Gera	Faschist Ulbricht hat das deutsche Volk verraten. Nieder mit dem Faschisten Ulbricht – Es lebe die ČSSR – Viva Dubček und Svoboda
27.08.	Barchfeld (Kr. Weimar)	
27.08.	Georgenthal (Kr. Gotha)	
29.08.	Weimar	CSSR; bekundet eure Solidarität mit den freiheitsliebenden und demokratischen Kräften in der CSSR durch eine Protestmarsch. Er beginnt am 30.8.1968, 19.00 Uhr am Ringhotel und führt zum Nationaltheater. Dort lassen wir uns eine halbe Stunde nieder."
29.08.	Neustadt (Kr. Pößneck)	
29.08.	Erfurt	
29.08.	Ilmenau	Freiheit für die CSSR. Erhebt eure Stimme gegen die Okkupanten,. Soldaten! Ihr mordet eure eigene Freiheit. Befolgt nicht die Befehle der stalinistischen – ulbrichthörigen Offiziere. Ulbricht tritt gegen die Menschenrechte mit Füßen. Seine führende (s.o.)
29.08.	Kr. Gera, Autobahn/ Parkpl.	
29.08.	Oberweißbach	
31.08.	Erfurt	Dubček-Swoboda-Freiheit; Polizei haßt Jugendliche ; Wer redet wird verprügelt; Polizei als fleischfressende Ungetüme; Uns wird gelehrt der Westen bedeutet Krieg - der Osten bedeutet Frieden
31.08.	Erfurt	
02.09.	Gössitz (Kr. Pößneck)	Die ČSSR – in der ČSSR wüssten die Russen der Büffel soll sie holen; Komt nach Bon, komt nach WD, komt in die Vereinigten Staten Amerikas
03.09	Jena	Bund freies Deutschland – Ziel sind Reformen wie in ČSSR
05.09.	Köthnitz (Kr. Pößneck)	Wer soll das Verbrechen an den Tschechen zahlen, Ulbricht?
06.09.	Gotha	
06.09.	Greußen (Kr. Sondersh.)	
07.09.	Jena	Was will die DDR in der CSSR
11.09.	Jena	ND-Artikel mit TASS-Erklärung

II. Übersicht über Wand- und Straßen-Inschriften
(soweit in Meldungen zentral erfasst)

Tag	Ort	Wortlaut (soweit genannt)
?	Gotha	Freiheit für Dubček, es lebe die CSSR
?	Weimar	
?	Altenburg (2 Festnahmen)	
?	Eisenach	Freiheit für Dubček
08.08.	Sonneberg	Za Dubček (=Für Dubček)
21.08.	Schleusingen	1. Ich fordere sie auf, gegen den Einmarsch der Truppen in der CSSR zu protestieren; 2. Russen raus, Freiheit für die CSSR, Russen, ihr Faschisten
21.08.	Weimar	
21.08.	Fehrenbach (Hildburgh.)	Iwans raus
21.08.	Nohra/Wipper und Bleicherode, (Kr. Nordhausen)	Es lebe Dubček
21.08.	Gotha	Okkupantenarmee
21.08.	Witterda (Kr. Erfurt)	
21.08.	Mühlhausen	
22.08.	Eisenach	Es lebe Dubček
22.08.	Erfurt	Es lebe Dubček
22.08.	Erfurt	Freiheit für die CSSR
22.08.	Rudolstadt	Es lebe Dubček
22.08.	Veilsdorf-Hessberg-Hassar	Freiheit für Dubček
22.08.	Jena	Russen raus, Nieder mit Ulbricht
22.08.	Jena	Nieder mit Ulbricht
22.08.	Jena (an drei versch. Stellen	Es lebe Dubček, el lebe die CSSR
22.08.	Jena	Freiheit für die CSSR
23.08.	Kulmitzsch/Groß Kuhndorf (Kr. Gera)	Es lebe Dubček!
23.08.	Weißensee (Kr. Sömmerda)	
23.08.	Schwarza (Kr. Rudolstadt)	Es lebe Dubček
23.08.	Bad Blankenburg (Kr. Rudolstadt)	Freiheit der CSSR
23.08.	Berga - Untergeisendorf	Es lebe Dubček
23.08.	Schwerborn (Kr. Erfurt)	

Tag	Ort	Wortlaut (soweit genannt)
23.08.	Straße Schleiz-Oberböhmsdorf	Hoch Dubcek
23.08.	Eisenach	Freiheit für Dubček
23.08.	Zeulenroda	Hoch die tschechen, Hoch Dubček, Vivat Dubček
23.08.	Gebstedt (Kr. Apolda)	Raus mit den Russen
23.08.	Eifel (Kreis Hildburgh.)	Es lebe Dubček
24.08.	Molsdorf (Kr. Greiz)	Hoch lebe Dubček, hoch lebe Svoboda, Inschrift: Hoch Dubček
24.08.	Schmückberg - Schmiedehausen (Kr. Suhl)	Dubček und CSSR
24.08.	Sonneberg	Es lebe die CSSR, Viva CSSR
24.08.	Veilsdorf (Kr. Hildburgh.)	Es lebe Dubček, Freiheit für Dubček
24.08.	Greiz-Döhlau	Wir fordern Freiheit für das tschechische Volk
24.08	Straße Berga-Obergeißendorf	Es lebe Dubček
24.08.	Pößneck, Herschdorf	Freiheit Dubček
24.08.	Eisenach	
24.08.	Jena	Freiheit für die CSSR
24.08.	Jena	Russen raus
24.08.	Elsterberg	UdSSR raus aus der ČSSR, Russe raus aus der ČSSR
24.08.	Bad Blankenburg	Freiheit für die ČSSR
24.08.	Jena	Nieder mit Ulbricht
24.08.	Gera	Freiheit für Dubček
24.08.	Autobahn bei Borberg (Kr. Gotha)	Es lebe Dubček
24.08.	Eisenach	Russen raus aus der CSSR
25.08.	Liebengrün und Liebschütz (Kr. Lobenstein)	Russen raus aus der ČSSR, Es Lebe Dubček – Russen raus, Freiheit ČSSR, Russen raus aus der ČSSR, Es lebe Dubček, Es lebe Svoboda, Vietnam – ČSSR, Russen (mit Halkenkreuz)
25.08.	Arnstadt	
25.08.	Saalfeld	Es lebe die CSSR
25.08.	Erfurt	
25.08.	Gotha	Russen raus aus CSSR, Dubček hoch
25.08.	Herrenhof, Georgenthal	

Tag	Ort	Wortlaut (soweit genannt)
25.08.	Eisenach, Ausfallstraße Ruhla	(gegen SU)
25.08.	Schwerborn (Kr. Erfurt)	
25.08.	Sofiethal (Kr. Ilmenau)	Haut die Russen aus Deutschland
25.08.	Liebengrün-Liebschütz (Kr. Lobenstein)	
25.08.	Jena	Freiheit für die ČSSR
25.08.	Autobahn-Abschnitt Bosdorf-Plaue, Gossel	
25.08.	Eisenach	
25.08.	Greiz	Hoch Dubček
25.08	Gera	Hoch lebe Dubček und Svoboda, Russen raus aus der DDR und ČSSR gez. A. Hitler, J. Göbels
26.08.	Treffurt (Kr. Eisenach)	
26.08.	Heiligenstadt	
26.08.	Jena	
26.08.	Sömmerda	
26.08.	Ruhla (Kr. Eisenach)	
26.08.	Erfurt	
26.08.	Ilmenau	Aufruf Jugendlicher zur Demo am Markt für 25/26.8
26.08.	Eisenach	
26.08.	Plaue (Kr. Arnstadt)	
26.08	Gera	Viva Dubček (auf Stein gekratzt)
27.08.	Farnroda (?), Tangelstedt (Kr. Weimar)	
27.08.	Merkers (Kr. B. Salzungen)	Russen raus aus der CSSR
27.08.	Sonneberg	Viva ČSSR !
27.08.	Elsterberg (2mal)	Grab für Walter Ulbricht
27.08.	Eisenberg	Es lebe Dubček, Russen raus aus der ČSSR, der Iwan soll krepieren
27.08.	Weimar	
28.08.	Kloster-Veßra (Kr. Hildburghausen)	Okkupanten raus aus der CSSR
28.08.	Meiningen	Bolschewisten (darunter ein Galgen gemalt), Russen raus aus Deutschland, Ulbricht ablösen

Tag	Ort	Wortlaut (soweit genannt)
28.08.	Personenzug Jena-Camburg	Freiheit für ČSSR
28.08.	Triptis	Iwan raus aus der Slowakei
28.08.	Auma (Kr. Zeulenroda)	Wir sagen nein, Es lebe Svoboda, Hoch lebe Dubcek
28.08.	Erfurt	
29.08.	Unterwellenborn	Es lebe Dubček
29.08.	Gotha	
29.08.	Eisenach	
29.08.	Vockerode (Kr. Hildburghausen)	Unser Maß ist voll, unsere Geduld ist zu Ende"
30.08.	StVA Suhl	
30.08.	Schleiz	Sowjetstern mit Hakenkreuz
01.09.	Lengsfeld (Kr. Bad Salzungen)	Es lebe der 17. Juni
01.09.	Tiefenort (Kr. B. Salzung.)	Es lebe der 17. Juni
02.09.	Personenzug Themar-Erfurt	
02.09.	Greiz	Hoch Dubček, Nieder mit Ulbricht
02.09.	Heringen (Kr. Nordhausen)	
03.09.	Gösitz (Kr. Pößneck)	
03.09.	Autobahnmauer Hermsd. Kreuz	Hoch lebe Dubček, Russen raus aus der ČSSR
03.09.	Apolda	
04.09.	Gera	Dubček – ja, Ulbricht - nein
06.09.	Eisenach	
06.09.	Gera-Untermhaus, Milbitz	Ulbricht - Hitler
06.09.	Greiz	Ulbricht ist der größte Lump in der DDR, sagt auch die ČSSR
06.09	Gera	Freiheit
08.09	Jena	Hoch lebe Dubček
09.09.	Triptis	Russen sind Schweine, der Ulbricht Puffdirektor
09.09.	Triptis	Es lebe Dubček, Hoch lebe Dubček
09.09.	Schöndorf (Kr. Weimar)	

III. Auflistung verhängter politischer Haftstrafen gegen Thüringer Akteure

Alter	Ort	Tätigkeit	Haftzeit	Strafgrund	VP/MfS
15-Jähriger	Mühlhäuser	Schüler	Jan. geplant, dann Kontrollmaßn.	bis Ende Sept: Flugblätter hergestellt und verbreitet, mit Freund fotografierte von Westfernsehen	MfS
19-Jähriger	Eichsfelder	Maurer	20 Monate	Offene politische Äußerungen gegenüber SED-Mitgliedern	VP
22-Jähriger	Schwerborner	LPG-Bauer	34 Monate	Öffentliche Straßen-Inschriften, offene politische Äußerungen in Dorfgaststätte mit Aufforderung was zu unternehmen	MfS
28-Jähriger	Erfurter	Bahnpost-Arbeiter	24 Monate	Offene politische Äußerungen im Mitropa-Wartesaal gegenüber Kollegen	(Trapo), VP
21-Jähriger	Arnstädter	Chemieanlagenbauer	45 Monate	15.9. Straßen-Demo, offene Kritik an ČSSR-Einmarsch, Widerstand, „Rowdytum"	VP
16-Jähriger	Erfurter	Lehrling, Schaltmechaniker	Jugendhaus	Anfertigung/Verbreitung von Flugzetteln: *Dubček-Swoboda-Freiheit; Polizei haßt Jugendliche ; Wer redet wird verprügelt;* etc.	MfS
16-Jähriger	Erfurter	Schüler	19 Monate	23.8. Demo-Teilnahme auf Anger; bezeichnete Polizisten als Bullen und nannte DDR ein KZ	VP
16-Jähriger	Erfurter	Transport-	Jugendhaus	22.8. auf dem Anger Widerstand gegen	VP

				Polizei geleistet	
45-Jähriger	Erfurter	arbeiter	Noch in Arbeit	„Spionage" – ab 21.8. Sammlung von Stimmungsberichten, die reisende Rentner im Westen weiterberichten sollten, DDR als KZ bezeichnet	MfS
24-Jähriger	Erfurter	Kranken-Hilfspfleger	12 Monate	Hakenkreuzplakat auf Litfassäule	VP
30-Jähriger	Worbiser		20 Monate	Verleumdung/Angriff auf Volkspolizisten	VP
17-Jähriger	Bad Langensalzaer, Gothaer	Bohrmaschinen-Arbeiter	14 Monate	„Hetzlosung" im Betrieb	MfS
16-Jähriger	Weimarer		24 Monate	Kontakte zu Tschechen	VP
16-Jähriger	Jenaer	Lehrling	26 Monate	Flugblätter (zusammen mit vier Freunden)	MfS
18-Jähriger	Weimarer		17 Monate	Vorbereitung von Flugblättern; offene politische Äußerungen, öffentliche Kreide-Losungen, mit Freunden	VP
19-Jähriger	Weimarer	Dachdecker	11 Monate	Aufforderung zu Protestkundgebung	VP
20-Jähriger	Dielsdorfer	Arbeiter in Baubetrieb	24 Monate	Vergleich 1938-1968, „Hetze" gegenüber Sowjets	MfS
33-Jähriger	Eisenacher	Polizist	36 Monate	Vergleich 1938-1968, Diskussionen	MfS
17-Jähriger	Erfurter	Lehrling, Drucker	26 Monate	IGA, Straßen-Inschrift „Freiheit für die ČSSR", außerdem Flugblätter am Bahnhof ausgelegt	MfS
26-Jähriger	Jenaer	Ohne	24 Monate	„Hetzlied" gesungen, rief auf Straße: Sieg heil, wir siegen, die Russen kriegen in der ČSSR die Fresse voll	???
20-Jähriger	Geraer		42 Monate	250 Flugblätter mit Benennung Ulbrichts	MfS

				als Faschisten	
22-Jähriger	Bad Köstritzer		15 Monate	Politische Äußerungen auf der Straße	???
17-Jähriger	Jenaer	Lehrling	30 Monate	200 Flugblätter mit Freunden angefertigt, „Okkupanten raus"	???
23-Jähriger	Gebstedter	Maler	30 Monate	Westradiosendungen, Hauswand-Inschrift „Raus mit den Russen" beim Ortsbürgermeister, Hakenkreuz an Kirchenmauer	MfS
25-Jähriger	Schwerborner	Dreher	34 Monate	Öffentliche Straßen-Inschriften, offene politische Äußerungen in Dorfgaststätte mit Aufforderung was zu unternehmen	MfS
16-Jähriger	Weimar	Lehrling	21 Monate	Fluchtversuch in ČSSR, in Weimar mit ČSSR-Jugendlichen diskutiert; ermöglichten den tschech. Jugendlichen in Weimar den Empfang von „Radio Freies Prag";	VP
17-Jähriger	Jenaer	Schüler	20 Monate	Mit vier Jugendlichen 200 Flugblätter, Sohne eines wiss. Mitarbeiters der Uni	MfS
23-Jähriger	Nordhäuser	TU-Student	noch bearb.	„Gruppenbildung", 1200 Flugblätter	MfS
31-Jähriger	Erfurter	Stanzer	8 Monate Bewährung	„Es lebe Dubček"-Rufe im Angerbereich, Widerstand gegen Ausweiskontrolle	MfS
18-Jähriger	Geraer	Schlosser	24 Monate	Flugblätter hergestellt, Verbreitung geplant, anonymer Telefonanruf bei Betriebsleiter „Nieder mit Walter Ulbricht"	MfS
17-Jähriger	Heringer	Lehrling bei Reichsbahn	15 Monate	Anbringen von acht Hetzlosungen; entfernten an POS Heringen die Fahne der Pionierorganisation	
28-Jähriger	Bischofsröder	Schlosser	16.10 Straf-		

			maß unbek.t		
16-Jähriger	Weimarer	Schüler	12 Monate, Bewährung	Aufforderung zur Protestdemonstration, mit Erbs zusammen	VP
18-Jähriger	Erfurter	Oberschüler	36 Monate	Teilnahme an Protesten in Prag, Mitbringen politischer Schriften	MfS
16-Jähriger	Gothaer	Schlosser	20 Monate	„Zusammenrottung" auf Marktplatz, Sprechchöre „Hoch lebe Dubček", öffentl. Inschriften auf Häuserwände: „Russen raus aus der ČSSR. Dubček hoch"	MfS
28-Jähriger	Erfurter		17 Monate	„Verleumdung" von Polizisten	???
20-Jähriger	Zella-Mehliser		22 Monate	Unterschriftensammlung in Gaststätte	???
48-Jähriger	Eisenacher		12 Monate	Offene kritische Äußerungen	VP
16-Jähriger	Mühlhäuser		12 Monate	Offene kritische Äußerungen	VP
17-Jähriger	Queienfelder		unbekannt	Aufruf anderer Lehrlinge gegen „Zustimmungsresolution"	VP
???	Stassfurter		???	Prag-Interview	???
18-Jähriger	Weimarer	Lehrling, Maschinenbau	34 Monate	Teilnahme in Prag bei Protesten am Rundfunkgebäude	MfS
29-Jährige	Nordhäuserin		12 Monate	„Verleumdung" der Polizei, Singen des Deutschlandliedes	VP
38-Jähriger	Nordhäuser		18 Monate	???	
22-Jähriger	Arnstädter		20 Monate	Teilnahme an jugendlicher Demonstration mit Freunden	VP
17-Jähriger	Apoldaer		16 Monate	fünf Straßen-Inschriften	VP

20-Jähriger	Weimarer		26 Monate	Am Theaterplatz zum Widerstand aufgerufen, „Neues Deutschland" verbrannt	VP
19-Jähriger	Gispersleberner	Krankenpfleger in Erfurt	???	Bildung staatsfeindlicher Gruppe und Äußerungen gegen Okkupation	MfS
23-Jähriger	Großkundorfer	Kfz-Schlosser	20 Monate	Straßen-Inschrift „Es lebe Dubček"	Oberstes Gericht
17-Jähriger	Weimarer		12 Monate	Flugblätter und Aufruf zum Sitzstreik, mit mehreren Freunden	VP
17-Jähriger	Gothaer		46 Monate	Losungen, Vorbereitung zum Grenzübertritt	MfS
24-Jähriger	Apoldaer	Maler	24 Monate	Polit. Forderungen gestellt, mit Freund	VP
15-Jähriger	Gothaer	Lehrling	15 Monate	Demo am Markt, hißte dort ČSSR-Staatsflagge, „Dubček"Hauswand-: „Russen raus aus der ČSSR. Dubček hoch"	MfS
17-Jähriger	Weimarer	Baumaschinist, Lehrling	18 Monate	30 Protestschriften, Aufforderung anderer Bürger zum Protest	MfS
18-Jähriger	Erfurter		12 Monate	Protestäußerung, wehrte sich gegen Besatzung eines Funkstreifenwagens	VP
18-Jähriger	Erfurter	Lehrling	8 Monate	Offene Äußerungen in Gaststätte, rief „Heil Hitler – Bravo Dubček"	???
18-Jähriger	Weimarer	EOS-Schüler	24 Monate	Gruppenbildung, am 21.8. in Prag Teilnahme an Protesten, erklärte Unterstützung, Sammlung von Schriftmaterial, Fotografien	MfS
???	Altenburger		30 Monate	Protest durch Straßen-Inschriften	???

19-Jähriger	Sömmerdaer		12 Monate	Offene polit. Äußerungen in Gastraum	VP
22-Jähriger	Wiesenthaler (Kreis Suhl)		26 Monate	Textentwürfe für Plakate – gegen 3. Weltkrieg und Brudermord, mit Freunden	???
27-Jähriger	Erfurter		11 Monate	Offene politische Kritik in Anwesenheit von Polizisten	VP
17-Jähriger	Jenaer	Schüler	26 Monate	200 Flugblätter „Okkupanten raus", mit vier Freunden	MfS
17-Jähriger	Jenaer	Maler	???	200 Flugblätter „Okkupanten raus", mit vier Freunden	MfS
23-Jähriger	Arnstädter		30 Monate	„Zusammenrottung" am 15.9. Marktplatz und offene politische Äußerungen	VP
45-Jähriger	Mühlhäuser		30 Monate	Offene kritische Äußerungen und Aufruf zum Widerstand	VP
65-Jähriger	Rudislebener	Stanzer	18 Monate	Offene kritische Äußerungen im Betrieb	MfS
19-Jähriger	Weimarer	Schüler	???	am 21.8. in Prag Teilnahme an Protesten, erklärte Unterstützung, Sammlung von Schriftmaterial, Fotografien	MfS
31-Jähriger	Niedersachswerfener	Maschinist	24 Monate	Offene politische Äußerungen, Kritik an Zeitungen, in Branderode	MfS
15-jähriger	Elsterberger	Lehrling, Betonbauer	20 Monate	30 Flugblätter „Russen raus"	MfS, dann VP
18-Jähriger	Weimarer	Schüler	34 Monate	21.8. in Prag Teilnahme an Protesten, erklärte Unterstützung, Sammlung von Schriftmaterial, Fotografien	MfS

29-Jährige	Unterwellenbornerin		15 Monate	Öffentliche politische Äußerungen in HO-Gaststätte	???
17-Jähriger	Erfurter		28 Monate	Brief an ČSSR-Botschaft	MfS
19-Jähriger	Eisenacher	Lehrling	12 Monate	Offene politische Äußerungen	VP
29-Jähriger	Erfurter	Schlosser	14 Monate	Offene politische Äußerungen	VP
17-Jähriger	Wiesenthaler		29 Monate	Politische Plakate	MfS
19-Jährige	Georgenthalerin	Kellnerin	12 Monate	Flugblätter auf Straße verteilt	???
18-Jähriger	Nordhäuser (Nohraer?)	Elektroschlosser-Lehrling	36 Monate	Politische Straßen-Inschriften	MfS
15/16-Jährige	Greizer	Oberschüler	18 Monate	Fertigung und Verbreitung von Flugblättern „Hände weg von der ČSSR"	MfS
26-Jährige	Weimarerin	Museumsmitarbeiterin	Op. Kontr., Ob. Gericht	Mit vier Freunden 500 Flugblätter angefertigt und 100 verbreitet;	???
22-Jähriger	Arnstädter		48 Monate	„Zusammenrottung", „Rädelsführer"	VP
23-Jähriger	Arnstädter		36 Monate	„Zusammenrottung"	VP
14-Jähriger	Gothaer	Oberschüler	14 Monate	Demo am Marktplatz, Sprechchöre „Hoch lebe Dubček", Wand-Inschriften: „Russen raus aus der ČSSR. Dubček hoch"	MfS
19-Jähriger	Worbiser		9 Monate	Offene polit. Äußerungen in Gaststätte	???
17-Jähriger	Erfurter	Oberschüler	noch bearb.	Polit. Äußerungen im Brief in die ČSSR	MfS
45-Jähriger	Nordhäuser		20 Monate	Offene polit. Äußerungen unter Kollegen	VP
31-Jähriger	Pößnecker	Lehrer	21 Monate	Losung „Freiheit Dubček" am Markt	MfS
17-Jähriger	Mühlhäuser	Lehrling	Entlassung	50 Flugblätter verbreitet, mit Freund	MfS

			10 Mo.Bew.	„Hetze"	
22-Jähriger	Erfurter				VP
17-Jähriger	Erfurter	Reichsbahn-Güterarbeiter	19 Monate	Offene politische Äußerungen gegenüber Kollegen	VP
37-Jähriger	Pößnecker	Schlosser	15 Monate	Offene politische Äußerungen in angetrunkenem Zustand	???
16-Jähriger	Weimarer	Lehrling, Maurer	15 Monate	Kontakte zu Tschechen, gemeinsam mit Freunden, Fluchtversuch in die ČSSR	VP
45-Jähriger	Heiligenstädter		8 Monate	Offene polit. Äußerungen in Gaststätte	VP
17-Jähriger	Mühltroffer	Lehrling, Rundfunkmechaniker	12 Monate	Flugblatt verfasst und ausgelegt: „Fordert den Abzug der Invasionstruppen aus der ČSSR, Freiheit für Dubček"	MfS
???	Altenburger		???	Proteste durch Straßen-Inschriften	
24-Jähriger	Weißenseer	Betonstein-Arbeiter	12 Monate	Offene politische Äußerungen gegen Okkupation, Ulbricht und NVA	VP
18-Jähriger	Weimarer	Schüler, Maschinenbauer	27 Monate	am 21.8. in Prag Teilnahme an Protesten, erklärte Unterstützung, Sammlung von Schriftmaterial, Fotografien	MfS
34-Jähriger	Arnstädter	Glaskugelmacher	30 Monate	Offene politische Äußerungen zu Kollegen: Armeeangehörige = Schweine, die tschech. Arbeiter ermorden (mehrfach gegen VII. Parteitag u. Ulbricht geäußert)	MfS
33-Jähriger	Mönchenholzhausener	Bauarbeiter	18 Monate	Offene politische Äußerungen in Gaststätte und Aufforderung an einen Genossen, das Parteiabzeichen zu entfernen	VP

IV. Übersicht festgenommener Akteure, zu denen ein Urteil nicht feststellbar war
(soweit von der Polizei an die Staatssicherheit gemeldet)

Alter	Ort	Beruf	Festn.	Grund	weiteres
20-Jähriger	Jena	Transport-Arbeiter	27.8.	Saalbahnhofstraße im Sprechchor „Viva Dubček"; SED-Mitglied, das ihn vor Ort dafür kritisierte, „tätlich angegriffen"	gegen drei von 5 wurden EV §215 eingeleitet, VPKA Jena
19-jähriger	Bockelnhagener	Maurer	6.9.	Äußerungen gegenüber einem freiwilligen VP-Helfer, den er auch als „Kommunistenschwein und Spitzel" betitelte	VPKA Nordhausen, EV mit Haft §220
16-Jähriger	Liebschützer	Lehrling, Kfz-Schlosser	25.8.	Inschriften am Konsum-Schaufenster und Buswartehalle	Zuführung an Kripo II BDVP Gera, nach Aussprache entlassen
23-Jähriger	Coburger	Installateur	3.9.	Spionage-Vorwurf, Treffs in Kaserne, Bundesdeutscher	MfS EV wegen §213
18-Jähriger	Schleusinger	Glaswerk-Arbeiter	26.8.	Flugblatt gefertigt und verteilt, 5 öffentliche Losungen am Betriebsgelände,	Hetze-EV MfS Suhl
21-Jähriger	Jena	Transport-Arbeiter	27.8.	Saalbahnhofstraße im Sprechchor „Viva Dubček"; SED-Mitglied diskutierte vor Ort - tätlich angegriffen,	gegen drei von 5 wurden EV §215 eingeleitet, VPKA Jena
24-Jähriger	Jenaer	Transport-Arbeiter	27.8.	Saalbahnhofstraße im Sprechchor „Viva Dubček"; SED-Mitglied diskutierte vor Ort - tätlich angegriffen	gegen drei von 5 wurden EV §215 eingeleitet, VPKA Jena
19-Jähriger	Schmiedefelder	???, SED-Mitglied	26.8.	Rufer bei Kirmesfeier im Turnsaal „Hoch lebe Dubček"	MfS Suhl, EV mit Haft wegen Hetze

22-Jähriger	Zeulenrodaer	Maler	23.8.	öffentliches Zurufen zu NVA-Soldaten „Warum führt ihr solche stalinistische Methoden durch? Es lebe Dubček" und Bewerfen mit Kartoffeln,	Zuführung VPKA, nach Aussprache freigelassen, weitere Aussprachen im Betrieb"
18-Jähriger	Apoldaer	Schlosser	6.9.	politische Inschrift geschrieben auf Schultisch in Friedrich-Engels-Schule, mit Kugelschreiber,	bearbeitet von Kripo II VPKA Weimar
18.Jähriger	Molsdorfer (bei Greiz)	Lehrling Kfz-Schlosser	24.8.	rief auf der Tanzfläche mehrfach „Hoch lebe Dubček, hoch lebe Svoboda", auf Nachhauseweg Inschrift am Kinderheim	VPKA Greiz zugeführt, nach Feststellung des Sachverhaltes entlassen
20-Jähriger	Eisfelder	Werkzeugmacher	2.9.	Offene politische Äußerungen im Betrieb: seine Waffen seien schon geputzt, um in die Berge zu gehen	EV mit Haft durch MfS Suhl
22-Jähriger	Schnetter		26.8.	In Ilmenau: offene politische Äußerungen in Gaststätte	bearbeitet von VPKA
19-Jähriger	Erfurter	Lehrling, Reichsbahn	5.9.	in Prag an Protesten beteiligt; Mitnahme von Schriften, Tagebuch mit politischen Aufzeichnungen	EV mit Haft wegen Hetze, MfS Erfurt
23-Jähriger	Grimmenthaler	Arbeiter in Baubüro	24.8.	beschimpfte SED-Mitglied als SED-Spitzel und stieß ihn gegen Baugerüst	EV Kripo Meiningen mit Haft wegen Hetze; evt. dann an MfS Suhl
22-Jähriger	Schafhausener	Student in Jena	25.8.	mit Jugendlichen von Grenzpatrouille entdeckt; „Viva Dubček" gerufen, Planung von Flugblättern: Aufforderung zu Protestdemo/Unterschriftensammlung	EV wegen „Hetze" - mit Haft durch MfS Suhl
32-Jähriger	Friedebacher	Lehrer	24.8.	weiße Öl-Lösung an Mauer in Nähe der GHG Textil, Festnahme auf frischer Tat	EV des MfS mit Haft wegen Hetze

27-Jähriger	Arnstädter	Bäcker, SED-Mitglied	4.9.	flüchtete am 14.8. über Grenze, ging am 3.9. von Wiesbaden in ČSSR, um von dort in DDR zurückzukehren	Bearb. von MfS Erfurt mit Spionageverdacht, EV mit Haft
29-Jähriger	Suhler	Schleifer	10.9.	offene politische Äußerung: wolle mit Waffe den Tschechen helfen und bei gleicher Situation in DDR „die Bonzen vom Rat des Bezirkes niedermachen"	EV wegen Staatsverleumdung mit Haft MfS Suhl, in ersten Vernehmungen alles bestritten
28-Jähriger	Lipprechteröder	Fleischer	23.8.	politische Äußerungen in Gaststätte gegen Okkupation und Sowjetunion	Festnahme, EV durch Kripo Nordhausen
17-Jähriger	Sachsenbrunner	Bohrarbeiter	25.8.	offene politische Äußerungen gegenüber SED-Mitglied und Tätlichkeit im angetrunkenen Zustand	Polizei EV wegen Hetze mit Haft
24-Jähriger	Jena	Brigadier (Baustelle)	27.8.	im Sprechchor „Viva Dubček"; Handgreiflichkeit mit dagegen protestierendem SED-Mitglied	gegen drei von 5 wurden EV §215 eingeleitet, VPKA Jena
32-Jähriger	Jena	Transport-Arbeiter	27.8.	Saalbahnhofstraße im Sprechchor „Viva Dubček"; SED-Mitglied diskutierte vor Ort - tätlich angegriffen,	gegen 3 von 5 wurden EV §215 durch VPKA Jena eingeleitet
39-Jähriger	Mechterstädter	Stellwerksmeister	24.8.	politische Äußerungen gegenüber Kollegin: Truppeneinmarsch großes Unrecht, mit Vorgehen Hitlerdeutschlands gegen Tschechoslowakei verglichen	verhaftet durch Transportpolizei, EV § 106,
17-Jähriger	Tiefenorter	Schüler	4.9.	Öffentliche Inschrift „Es lebe der 17. Juni" auf Straße, 400m nach Ortsausgang mit Silberbronze	EV mit Haft der Kripo Bad Salzungen

Oberrichter Slobodda vom Bezirksgericht Gera in einem selbst verfassten Strafurteil wegen „staatsfeindlicher Hetze", Nov. 1968

> „In den für die Erhaltung des Friedens und die Sicherheit der sozialistischen Länder entscheidenden Tagen nach dem 21. August 1968 musste sich jeder Bürger der Deutschen Demokratischen Republik für eine Stellungnahme entscheiden.
> Er musste beweisen, ob er die sozialistische Entwicklung vorbehaltlos bejaht [...]
> Die Partei- und Staatsführung in der Deutschen Demokratischen Republik hat jedem Bürger die richtige Entscheidung erleichtert."
>
> BStU, BV Gera, Personenakte, Bl. 29

In diesem Urteil verhängte Slobodda anderthalb Jahre Haft gegen einen 16-jährigen Greizer Schüler, der das folgende Flugblatt verbreitet hatte:

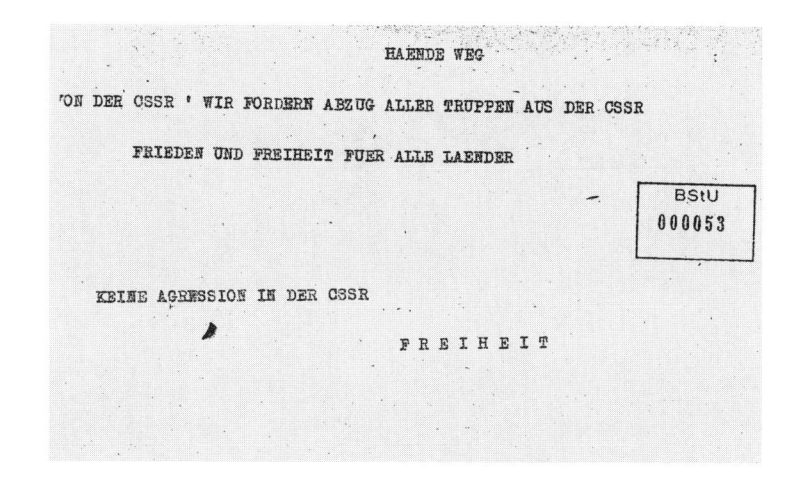

```
            HAENDE WEG
'ON DER CSSR ' WIR FORDERN ABZUG ALLER TRUPPEN AUS DER CSSR

      FRIEDEN UND FREIHEIT FUER ALLE LAENDER
                                                    BStU
                                                   000053

   KEINE AGRESSION IN DER CSSR
            ▶           FREIHEIT
```